Anke Schwörer-Haag
Thomas Haag

Islandpferde besser reiten

Tölt und Pass:
Stufe für Stufe zum Erfolg

KOSMOS

Islandpferde
Reiten

Reiten – gibt es ein
schöneres Hobby?
Höchstens Island-
pferde reiten! So zu-
mindest werden all jene diese Frage beant-
worten, die das hervorragende Gangtalent
und die außergewöhnlichen Charakter-
eigenschaften dieser Rasse kennen und
schätzen gelernt haben. Wer schon mal in
einer Gruppe gleich Gesinnter im mühe-
losen Viertakt durch den Wald getöltet ist,
der kennt Glücksmomente, ebenso wie derjenige, der schon mal auf dem Turnier die
hohen Noten für seine perfekte Gang-
prüfung hören durfte. Wer schon mal im
Rennpass höchstes Tempo gespürt hat – nur
den Fahrtwind in der Nase und die Konkur-
renz im Nacken – der weiß, warum Islandpferde reiten Spaß macht. Dieses Gefühl
macht süchtig. Das ist einer der Gründe,
warum die meisten Reiter keine Mühe
scheuen, warum sie viel in die eigene Ausbildung und in die Ausbildung ihres
Pferdes investieren. Wer dabei auf dem
richtigen Weg ist, der wird die Erfahrung
machen, dass selbst das Training beflügelt,
weil jeder kleine Erfolgsschritt Mut macht.

Zur *täglichen* Arbeit gehört *ein Ziel*

▶ Das Training sinnvoll gestalten

Wer seinen Ausbildungsweg noch nicht gefunden hat, kennt leider eher den anderen Alltag. Vor und nach solchen eher zufälligen Höhepunkten gibt es viele Tage und Wochen, an denen man alleine trainiert und an denen man eigentlich nicht so recht weiß, was – außer Kondition – man mit dem Pferd üben soll. Weder der Weg noch das Ziel sind klar definiert.

Oder schlimmer noch: es klappt gar nichts mehr, weil sich in das harmonische Miteinander ein Fehler eingeschlichen hat.

Und dann, sozusagen als Gipfel des Frustes, Anweisungen zum Tölt reiten, die nur auf einen Kampf mit dem Pferd hinauslaufen. Ein Umgang mit dem Pferd, der diesem wenig Chancen lässt und langfristig dessen Gesundheit ruiniert.

Siegerehrungs-Runden im schnellen Tölt machen Pferden und Reitern Spaß.

All das gibt es – leider! All das ist vielerorts Alltag, weil man es nicht besser weiß, oder nicht wissen will.

All das muss aber nicht sein. Es gibt keinen Grund für einen tristen oder gar frustrierenden Trainingsalltag und auch die Höhepunkte müssen nicht Zufall sein. Gute und sehr gute Leistungen lassen sich erarbeiten – zugegeben – auf einem langen Weg. Stück für Stück, sozusagen kleines Glück an kleines Glück reihend, lässt sich die Harmonie herstellen. Besonders im Tölt und Rennpass.

Dieses Buch will den Weg dafür aufzeigen und ein Ziel benennen. Baustein für Baustein beschreibt es das dafür notwendige reiterliche Handwerkszeug, zeigt auf, wie sich daraus eine solide Treppe zum Erfolg bauen lässt. Dieses Buch legt dabei Wert auf einen Weg, auf dem Leistung erarbeitet und zugleich die

Begeisterte das Publikum auf dem Landsmot 2002: Der Fuchs Solon unter seinem Reiter Vignir Jonasson.

Warten auf Pokale
und Schleifen –
Islandpferde-Turniere
locken viele.

Gesundheit des Pferdes geschont wird. Denn das Miteinander kann nur dann richtig Spaß machen, wenn keiner der Partner das Nachsehen hat.

▶ Dressur für Freizeitreiter?

Nun braucht man kein Prophet zu sein, um eines vorauszusehen: Der Blick auf das Inhaltsverzeichnis, der Blick auf manchen Baustein und manches Bild in diesem Buch wird den typischen Freizeitreiter erschrecken. Er, der sich doch ein Islandpferd gekauft hat, weil es von selbst töltet und keine Dressurarbeit braucht, er soll jetzt plötzlich schwierige Lektionen wie Schulter herein oder Kruppe herein erarbeiten?

Kopfschütteln und empörte Ablehnung vor Augen soll an dieser Stelle Folgendes gesagt werden: Jeder Reiter sollte sich darüber im Klaren sein, welchen Weg er mit seinem Pferd beschreiten will und wird in diesem Buch entsprechende Unterstützung finden.

Theoretische Grundlagen für den Freizeitreiter

Wer mit seinem vierbeinigen Kameraden die Freizeit genießen will – für den bietet dieses Buch eine fundierte theoretische Grundlage, wie sich dieses gemeinsame Glück auch mit weniger Reiterkönnen erreichen lässt, ohne dass die Gesundheit des Pferdes darunter leidet. Nach dem Motto: Bis hierher und nicht weiter, kann sich der Freizeitreiter die Bausteine herausgreifen, die ihm weiterhelfen – und die weglassen, die ihm zu kompliziert sind. Weil er mit Hilfe der Lektüre aber zumindest eine Ahnung hat von den körperlichen Zusammenhängen und der Gangmechanik, wird er seinem Pferd gegenüber auch fair sein, und nicht Lektionen verlangen, die es von seinem Ausbildungsstand her einfach nicht kann. Ein Beispiel: Wer seinen Viergänger gerade eingeölt und mit dem Pferd das Gleichgewicht noch nicht gefunden hat, wird dieses auf gemeinsamen Ausritten nicht zum Tölten zwingen, sondern entspannt traben lassen.

Quelle der Motivation für ambitionierte Reiter

Wer sein reiterliches Können in den Vordergrund stellt und mit seinem Pferd nicht in erster Linie auf Turniere gehen, sondern einfach weiterkommen will nach dem guten Freizeitreitermotto »Der Weg ist das Ziel«, für den soll dieses Buch eine fundierte Quelle der Motivation sein. Schritt für Schritt wird er das Miteinander verfeinern und sich bei keiner Trainingseinheit langweilen. Er wird Körper und Geist gleichermaßen fordern, ganz in dem Bewusstsein: Es kann lange dauern, aber jeder kleine Schritt macht Spaß, jeder Zuwachs an Harmonie ist so viel wert wie anderen ein Turniersieg oder ein erfolgreiches Passrennen.

Leitfaden für den Turnierreiter

Der Turnierreiter schließlich, der Leistung von seinem Pferd fordert, ist ohnehin in der Pflicht. Wer einen Töltpreis reiten will, ohne dabei seinem Pferd zu schaden, für den dürfen die Lektionen in diesem Buch keine unüberwindlichen Hindernisse sein.

Eher umgekehrt, ein unverzichtbarer Weg zum feinen, Pferde schonenden Reiten, zu Ausdruck, Bewegung und Harmonie – und damit letztlich zu verdient guten Noten auf dem Turnier.

Wenn er sich entschieden hat, dass die Grundlage für die Zusammenarbeit das harmonische Miteinander von Reiter und Pferd ist, sollte sich niemand abschrecken lassen von Begriffen, wie man sie aus der klassischen Reiterei kennt. Zugegeben, bei etlichen Lektionen braucht man ein gutes Vorstellungsvermögen, wenn man Gelesenes sofort begreifen möchte. Die Erfahrung zeigt aber, dass die Umsetzung in der Praxis die Verständnisprobleme sofort behebt. Die Lektionen bauen logisch aufeinander auf und wer sich Schritt für Schritt auf den Weg einlässt, wird keine Mühe mit der Unterscheidung der Anforderungen haben.

Außerdem sollte niemand glauben, dass man auf dem beschriebenen Ausbildungsweg Stunde um Stunde im Dressurviereck »schwitzen« muss. Dieses Buch zeigt vielmehr, wie man auch im Gelände eine sinnvolle Gymnastizierung aufbauen kann.

Mit der richtigen Ausbildung kann auch ein extremer Rennpasser locker tölten.

Und es zeigt in einem konsequenten Aufbau über Bodenarbeit, Arbeit im Schritt und schließlich in den Gangarten, wie der Reiter verstehen, erfühlen und schließlich ausführen lernen kann.

Über 30 Jahre Erfahrung in der Islandpferde-Ausbildung stehen hinter diesem Buch. Eine lange Zeit des Ausprobierens, Forschens, Lernens – ein Suchen nach dem besten Weg, das sicher noch lange nicht zu Ende ist. Gewachsen ist daraus inzwischen immerhin ein Ausbildungsschema, ein logischer und für jeden nachvollziehbarer Weg. Ein System, das auch weniger talentierten oder spät berufenen Reitern zum harmonischen Miteinander mit ihrem Pferd verhelfen kann – zu wahren Glücksmomenten, sowohl beim gemeinsamen Tölt im Wald wie auch beim spontanen Sprint im Rennpass.

Glückliches Island-pferdeleben: Stundenlang spielen und toben die Jungpferde auf der schneebedeckten Weide.

Töltträume
erfüllen

In den letzten knapp 70 Jahren seiner 1000-jährigen Geschichte hat das Islandpferd einen rasanten Wandel erlebt: Vom Gebrauchspferd zum Freizeit- und Sportpferd. Ehe sie in der Mitte des 20. Jahrhunderts erst als Freizeitkameraden und später als Sportpferde entdeckt wurden und weltweit Furore machten, hat man Islandpferde auf der Heimatinsel in Herden gehalten und als Transportmittel genutzt. Die Bauern suchten sich die bequemsten und die stolzesten Pferde zum Reiten aus. Als Arbeitspferde oder vor dem Wagen verwendeten sie die leistungsbereiten Tiere. Allerdings wurde in die Ausbildung dieser Pferde vergleichsweise wenig investiert – denn man brauchte sie nicht zum Hüten, wofür etwa die Cowboys in Amerika ihre Pferde verwendeten und deshalb in der Auswahl und Ausbildung besonderen Wert auf Wendigkeit legten. Man brauchte die Pferde in Island auch nicht zum Krieg führen, wie etwa die Ritter in Europa. Deren besondere Kunst war der Nahkampf, der hohe Anforderungen an Reiter und Pferd stellte. Wer sein Pferd da schlecht ausbildete und behandelte, hatte weniger Überlebens-Chancen.

Islandpferde

gestern und *heute*

► Was die Rasse prägte

Im Vergleich zu dem, was die Streitrösser der Ritter oder die Pferde der Cowboys leisten mussten, waren die Anforderungen des Menschen an die Pferde in Island vergleichsweise schlicht: Die Pferde wurden gezähmt und als Arbeitspferde eingesetzt – sprich: um eine Strecke von A nach B zu überwinden, oder um einmal im Herbst die Schaf- und Pferdeherden aus dem Hochland heimzutreiben. Dabei wurden die Pferde im Prinzip laufen gelassen.

Dies hatte für die Entwicklung dieser Rasse etliche Vorteile:

► Es »überlebten« die Pferde, die die bequemsten Gänge hatten. Die Veranlagung zu Tölt und Pass blieb so erhalten, die Gangvielfalt wurde nicht ausgemerzt.

► Es wurden diejenigen Pferde hoch geschätzt und damit über die Zucht weiter vermehrt, die sich intelligent anstellten und sich schnell in ihr Reitpferdschicksal fügten – also einen guten Charakter hatten.

▶   Es fanden diejenigen Pferde Anerkennung, die ausdauernd, leistungsbereit, temperamentvoll und hart waren, weil sie ihre Reiter auch ohne konsequentes Konditionstraining über weite Strecken zuverlässig trugen.

▶   Schließlich erwirkte das raue Klima und die unwegsame Landschaft auf der Insel im hohen Norden eine weitere positive Selektion: Gesunde und trittsichere Pferde hatten große Vorteile gegenüber den Artgenossen, die eine eher schlechte Konstitution mitbekommen hatten.

In der Gruppe ein Genuss für Mensch und Pferd: solche gemeinsamen Ritte haben dem Island-pferd viele Fans beschert.

▶ Geschichte der Islandpferde-Reiterei

All die Eigenschaften der Rasse faszinierten die »Entdecker« des Islandpferdes, die Anfang der 50er-Jahre zunächst hauptsächlich

Viele Pferde, viele Reiter, eine herrliche Landschaft: Das sind ideale Bedingungen für einen Wanderritt.

Nur fliegen ist schöner: Toller Rennpass gezeigt von Anna Vardmal bei einer Vorstellung in Hella.

aus Deutschland kamen. Wie sehr unterschied sich das Island-pferd damals von allem anderen, was auf dem Kontinent an Reit-pferden gezüchtet und verwendet wurde! Wie angenehm war es, ohne allzu große reiterliche Vorbildung einfach aufzusitzen und loszureiten!

Islandpferde machten es ihren Reitern leicht: Sie waren be-quem und fleißig. Sie kannten das Laufen in der Gruppe und (die allermeisten) hatten einen exzellenten Charakter. Sie waren willig und genügsam. Sie waren in der Regel auch in ihrem Heimatland schon länger als Gebrauchspferde genutzt worden, und kannten deshalb den Umgang mit dem Menschen. Kein Wunder also, dass sie schnell viele Freunde fanden – Islandpferde besitzen und rei-ten wurde Kult, die Fangemeinde wuchs und wuchs und wächst heute noch immer.

Aus Sicht der Pferde ist diese Entwicklung allerdings nicht nur positiv. Denn während sie sich früher von einem anstren-genden Schaftrieb wochenlang auf endlos weiten Weiden erholen konnten, wurden sie nun ganz anders gehalten. Während sie ur-sprünglich nach einem schnellen Ritt oder einem Wettkampf wie-der in die Freiheit entlassen wurden und ihre Muskeln sich beim Wälzen, Fressen oder Spielen mit anderen von der Beanspru-chung erholen konnten, werden Islandpferde plötzlich ganz an-ders »genutzt«: Sie werden (oft) täglich geritten, in Boxen gehal-ten oder, wenn es der Reiter gut meint, in der Gruppe auf kleinen

Paddocks, wo sie zwar Kontakt zu ihren Artgenossen haben, oft aber trotzdem zu wenig Platz, um miteinander zu spielen und sich frei bewegen zu können.

▶ Laufen-Lassen ist nicht genug

Diese veränderte Nutzung allein wäre sicher kein Beinbruch. Das Problem ist, dass sehr viele Islandpferde falsch geritten werden und deshalb zur Erholung die Pausen dringend bräuchten. Vor allem das Töltreiten, wie es heute in der Regel verstanden wird, schadet auf Dauer der Gesundheit der Pferde, weil auf Physis und Psyche zu wenig Rücksicht genommen wird. Tölt wird geritten, als brauche das Pferd keine Gymnastizierung. Hierzu kam es vor allem, weil es anfangs nicht gelungen ist, die Spezialgangarten in das über Jahrhunderte erprobte, die Pferdegesundheit schonende System (Skala der Ausbildung) einzupassen. Man übernahm aus dem Ursprungsland der Rasse eine Draufsitzen- und Laufenlassen-Mentalität (»sit and ride«). Und die meisten Freizeitreiter waren glücklich und zufrieden damit, einfach nur zu tölten. Es wurde sogar damit geworben, dass Tölten so einfach sei wie Motorradfahren. Reitenlernen erschien überflüssig. Im guten Glauben, alles richtig zu machen, entwickelte sich ein Islandpferde-Reitstil, der sich in Schritt, Trab und Galopp an die Skala

Wie oft sieht man leider diesen ärgerlich-verzweifelten Pferdeblick, mit Unterhals oder sogar noch schief gezogenem Maul ...

der Ausbildung anlehnte und für den Tölt (und Pass) die Devise ausgab, dass in diesen Gangarten alles anders sei.

Dass dies nicht der richtige Weg ist, sagten anfangs nur wenige. Inzwischen ist das Dilemma jedoch für viele offensichtlich,

▶   weil Pferde in eine solch verspannte und unnatürliche Haltung gezwungen werden, dass sie im Tölt weithin hörbar keuchen. Dass dies nichts mit gesundheitlichen Problemen zu tun hat, aber viel mit dem Zwang zeigt sich, wenn die Pferde im gleichen Tempo traben dürfen: Das Keuchen hört sofort auf.

▶   weil Pferde körperlich so unter Druck gesetzt werden, dass sie nach wenigen Runden im Tölt (oder oft schon vom Abreiten für eine Prüfung) klatschnass geschwitzt sind.

Immer öfter werden diese Probleme auf den Turnieren offensichtlich, zum Beispiel, wenn von den inzwischen hervorragenden Pferden so extreme Leistungen verlangt werden, dass diese schließlich verzweifelt ihre Mitarbeit aufkündigen, weil sie nicht mehr können. Nicht selten wehren sich die Pferde dadurch, dass sie sich nicht mehr steuern lassen, durchgehen oder ohne Rücksicht auf Verluste aus der Bahn laufen.

Diskutiert wird dann darüber, ob man die Prüfungen verändert und leider nicht darüber, dass die Pferde anders ausgebildet und geritten werden sollten. Losgelas-

Trotz aller Anstrengungen in Deutschland nicht zu toppen: Islands Weite.

sen und mit unverkrampfter Muskulatur dürfte es für ein gut trainiertes Pferd nämlich kein Thema sein, auch viele Runden in jedem Tempo ausdrucksvoll zu tölten oder aus vollem Rennpass heraus harmonisch zu bremsen.

▶ Islandpferde reiten mit Verstand

Anregungen, es anders – besser (!) – zu machen, gibt es durchaus:

Zum Beispiel beim Blick zurück nach Island, wo sich einst die Bauern noch ganz anders um ihre Pferde und deren Start ins Arbeitspferde-Leben kümmerten. Wo man noch wusste, dass ein gutes Pferd Zeit braucht, um sich zu entwickeln. Wo man ursprünglich den wissbegierigen Neulingen vom Kontinent beibrachte, dass ein Pferd erst mit acht bis zehn Jahren im Rennpass gefördert werden dürfe. Dort hat man früher die jungen Pferde mit vier Jahren zu deren erstem Arbeitswinter in den Stall geholt, sie dort nur an den Menschen gewöhnt, als Handpferd mitgenommen. Nach einem Sommer in Freiheit wurden die Pferde dann im zweiten Winter hauptsächlich in der Gruppe geritten. Erst im dritten Winter arbeiteten die Bereiter an den Gängen.

Nicht wenige kritisieren deshalb die »Schnellbleiche« wie sie die Pferde in Island heute an vielen Orten über sich ergehen lassen müssen. Bei aller Faszination, die die enormen Leistungen ausüben (Vierjährige müssen auf dem Landsmot Tag für Tag Höchstleistungen im Rennpass zeigen), sitzt dem weiterdenkenden Betrachter stets die Frage im Hinterkopf, welche Schäden Körper und Geist des Pferdes bei dieser Belastung wohl nehmen. Manch einer zögert beim Gedanken an den Kauf eines solchen Siegerpferdes, weil der psychische und physische Schaden nicht absehbar ist.

Wer ein Pferd nicht nur für einen kurzen Siegesrausch verbrauchen, sondern es auf Dauer zum leistungsfähigen Gewinner und Kameraden ausbilden möchte, kommt um eine solide, gymnastizierende Ausbildung nicht herum. In 2.000 Jahren, in denen sich die Menschen Gedanken über die Reiterei gemacht haben, wurden dazu kluge und Pferde schonende Methoden entwickelt. Es entstand eine Skala der Ausbildung – die übrigens auch unter den Islandpferde-Reitern und -Ausbildern heute jeder kennt. Das Problem: Diese Skala lässt sich nicht eins zu eins auf das Islandpferd übertragen. Denn weil bei dieser Rasse die vielfältige Gangveranlagung zum Glück nicht weggezüchtet wurde, haben die Pferde noch heute andere körperliche Voraussetzungen, als dreigängige Pferde. Das macht allerdings eine Vorbereitung auf die Ausbildung nach der klassischen Skala notwendig.

Trotzdem führt der Weg zum gerittenen Traumtölter nur über diese Grundsätze der klassischen Reiterei.

Grundsätzlich ist wichtig: Trotz einiger anatomischer Besonderheiten (deshalb können sie tölten und Pass gehen) sind Islandpferde Pferde. In ihrer Physis unterscheiden sie sich nicht oder nur geringfügig von anderen Pferderassen.

Hinweise, wie man ein Pferd sinnvoll gymnastiziert und schonend arbeitet, könnte

Einfach schön sieht's aus, wenn ein Islandpferd zufrieden tölten darf.

man sich deshalb im Grunde bei den »Klassikern« holen – wie zum Beispiel bei Könnern wie Gustav Steinbrecht oder Waldemar Seunig. Wären da nicht die Spezialgangarten Tölt und Rennpass. Zu diesen Spezialgangarten hat die klassische Reitlehre bislang keine Verbindung geknüpft. Dieses Buch will deshalb zeigen, wie sich das dort detailliert ausformulierte Wissen und die reichen Erfahrungen auf den Tölt übertragen lassen.

Denn inzwischen ist sicher, dass es kein erfolgreicher Weg ist, das Pferd im Schritt, Trab und Galopp nach klassischen Gesichtspunkten zu arbeiten – und dann im Tölt und Pass zu den »alten Methoden« der Gebrauchsreiterei zurückzukehren, nach dem Motto: in diesem Gang gelten plötzlich andere körperliche Gesetze.

Komm, kraul mich mal: Pferde brauchen soziale Kontakte.

Weil viele dies außer Acht lassen, sieht man heute auf Veranstaltungen oft verspannt töltende Pferde, die um der Show Willen mit so viel Druck geritten sind, wie gerade eben mit dem Zügel gegengehalten werden kann. Wie sehr die Pferde gezwungen werden, lässt sich an schiefer Kopf-Hals-Haltung, offenem Maul oder Unterhals erkennen. Spaß kann diese Form des Miteinanders beiden nicht machen, dem Reiter nicht und seinem Pferd erst recht nicht.

Über eines sollte sich außerdem jeder Pferdebesitzer im Klaren sein: Es gibt wenige Pferde, die so viel Temperament haben, dass sie deshalb nicht zu halten sind oder man stets alle Hände voll hat. Und es gibt auch wenige Pferde, die einfach nur zum Vergnügen durchgehen. Meist sind es Spannung und Angst, die diese Pferde keinen anderen Ausweg sehen lassen. Das sieht man daran, dass die Probleme meist sofort verschwinden, wenn die »Durchgänger« so gearbeitet sind, dass ihnen nichts mehr wehtut und sie ihrem Reiter vertrauen können. Diese Pferde haben dann gelernt, losgelassen zu laufen – was nicht bedeutet, dass sie ausdruckslos gehen. Aber man darf Ausstrahlung nicht mit Angst und darf Schrecken nicht mit Temperament verwechseln.

Die
Grundlagen

Unerlässlich ist es zum Auftakt, einige wichtige reiterliche Grundbegriffe zu klären. Jeder, der sich mit der Reiterei beschäftigt, kennt sie eigentlich und trotzdem wird darunter oft nicht dasselbe verstanden. Das hat einerseits seinen Grund darin, dass es sich um »Oberbegriffe« handelt, die zwar bedeutend klingen, aber eben nur ein Stück weit konkret sind und deshalb selten bis ins Detail ausdiskutiert werden. Denn allgemeine Formulierungen lassen sich weniger leicht kritisieren als klare Aussagen, weil sie jeder ein bisschen anders deutet.

Andererseits besteht Klärungsbedarf, weil jeder Reiter über einen anderen Erfahrungsschatz verfügt – und je nachdem, was er bereits gespürt oder nicht gespürt hat, wesentliche Begriffe anders interpretiert.

Deshalb ist es an dieser Stelle wichtig, einige Begriffe so einfach wie möglich zu erklären, um eine gemeinsame Basis zu erreichen. Dazu gehören:

▶ die Hilfen,
▶ die Gymnastizierung,
▶ die Schiefe,
▶ der Sitz
▶ und der Beschlag.

Was der gute Reiter wissen muss

▶ Die Hilfen

Die Hilfen erklären sich eigentlich bereits aus dem Wortsinn: Sie sollen dem Pferd helfen, mit dem unnatürlichen Einfluss des Reitergewichtes zurechtzukommen. Das Pferd wird durch die Last auf dem Rücken und die Anforderungen des Reiters (zum Beispiel im Tölt auf einer Ovalbahn laufen) in Situationen gebracht, in denen es nicht auf natürliche Erfahrungen zurückgreifen kann. Je nach Naturell und Gangverteilung reagieren die Pferde unterschiedlich – manche laufen weg, manche werden hektisch, andere laufen gar nicht mehr und wieder andere verspannen sich. Über die Hilfengebung hat der Reiter nun die Möglichkeit, jedem Pferd den Ausweg aus seinem Dilemma zu zeigen. Dabei muss der Grundsatz gelten: Eine Hilfe ist eine gute Hilfe, wenn sie dem Pferd hilft, sich wohl zu fühlen und wenn sie ihm den Weg zurück zu seiner Natürlichkeit in der Bewegung zeigt – mit dem Reiter.

Manchmal haben die Reiter dabei auch das Gefühl, dass ihr Pferd sie nicht versteht oder sie meinen sogar, dass es sie »austricksen« will. Eine solche Interpretation ist weder hilfreich noch angemessen. Es ist vielmehr so, dass das Pferd immer versucht, auf ein Signal des Reiters zu reagieren. Wenn diese Reaktion richtig ist, dann muss der Reiter das Pferd loben.

Wenn das Pferd auf die Hilfe nicht richtig reagiert hat, sollte der Reiter es dafür nicht strafen, sondern versuchen, die Hilfe für das Pferd verständlicher machen – bis er die Form der Einwirkung gefunden hat, die das Pferd richtig interpretieren kann. Das heißt: je logischer eine Hilfe aufgebaut ist und je mehr sie sich an den köperlichen Möglichkeiten orientiert, desto eher kann ein Pferd die Hilfe verstehen.

Wichtig zu wissen: Aus einer harten Strafe kann ein Pferd nicht die Folgerung ziehen, was es das nächste Mal richtig machen muss. Es kann höchstens eingeschüchtert werden und lernen, dass die Reaktion auf die Hilfe falsch war. So lange ihm aber kein Weg zur richtigen Reaktion aufgezeigt wird, ist es hilflos.

Außerdem sollte der Reiter sich bei jeder Strafe überlegen, ob die Reaktion des Pferdes wirklich so schlecht war, dass er sie später niemals brauchen kann.

Ein Beispiel: Buckeln ist als Zeichen von Ungehorsam nie zu gebrauchen und muss deshalb in jedem Fall bestraft werden. Wenn das Pferd aber im Pass losrennt, weil es die Hilfe zum Angaloppieren nicht verstanden hat, sollte der Reiter diese Reaktion unbedingt als »Irrtum« bewerten und nicht bestrafen. Besser ist es in diesem Fall, dem Pferd gelassen und mit eindeutigeren Hilfen klar zu machen, was es tun soll. Denn es kann die Zeit kommen, in der man von dem Pferd Rennpas verlangt. Wenn es sich dann beim Übergang aus dem Galopp an die Strafe und die damit verbundenen Schmerzen von einst erinnert, kann dies die Ausbildung zumindest erheblich verlängern.

Ideale Freunde und Lehrmeister: Fünfgängige Islandpferde eignen sich, wenn sie genügend Tölt haben, am besten als Kinderpferde.

Wie die Hilfen prinzipiell wirken

Der Zügel wirkt nicht nur auf Kopf und Maul, sondern vor allem auf Schulter und Hals. Er leitet die Vorhand des Pferdes und biegt den Körper in seiner Längsrichtung. Vereinfacht kann sich der Reiter vorstellen, dass beide Zügel den Hals einrahmen und auf ein Annehmen des rechten Zügels die Schulter (und Vorhand) des Pferdes nach links verschoben wird und umgekehrt auf ein Annehmen des linken Zügels die Schulter (Vorhand) des Pferdes nach rechts.

Der Schenkel beeinflusst die Hinterhand. Er lässt sie unter- oder zur Seite treten. Das kann man sich als Reiter leichter vorstellen, wenn man die Schenkelwirkung zunächst so versteht: Im Prinzip verschiebt die Einwirkung mit dem linken Schenkel die Hinterhand des Pferdes nach rechts und umgekehrt die Einwirkung mit dem rechten Schenkel die Hinterhand nach links. Erst wenn man dieses Prinzip verinnerlicht hat, kann man in der Schenkelwirkung zwischen vorwärtstreibend und seitwärtstreibend unterscheiden.

Gewicht und Kreuz belasten oder entlasten beidseitig oder einseitig den Pferderücken.

Eine oft gestellte Frage lautet: Was ist die richtige Tölthilfe, was ist die Hilfe für den Rennpass? Darauf kann auch ein sehr erfahrener Islandpferde-Reiter keine Antwort geben, die sich in einigen wenigen Sätzen erschöpft. Denn die Gangveranlagung unterteilt die Islandpferde in die unterschiedlichsten Typen und im Grunde muss jeder entsprechend seiner Begabung angetöltet oder in den Rennpass gelegt (Passhilfe) werden.

Grundsätzlich lässt sich festhalten: Je mehr Dreigänger (kaum Töltveranlagung) ein Pferd ist, desto eher kann der Reiter mit schematisch eingeübten Hilfen zum Ziel kommen, also zum Beispiel einen Zirkel reiten. Je mehr Fünfgangveranlagung ein Pferd hat, desto kreativer und gefühlvoller muss der Reiter sein, wenn er solche Übungen reiten will. Erst nach der Stufe der Gangartentrennung (siehe Seite 101) ist jeder Typ Pferd in der Lage, den Grundregeln der Hilfengebung zu folgen.

Klar ist: **Die** Tölthilfe und **die** Passhilfe gibt es nicht. Das Anreiten oder Umstellen in den Tölt oder Rennpass setzt sich vielmehr aus einer korrekten Anwendung der Bausteine zusammen, die dem Pferd die Balance finden hilft.

Wie der Reiter die Wirkung der Hilfen erkennt oder spürt

ZÜGELHILFE Auch wenn es zunächst kompliziert klingt – es gibt kein besseres Beispiel: Am besten lässt sich erkennen, dass es der Zügel ist, der das Pferd vom Genick bis zum Schweif biegt, wenn das Pferd die Lektion Kruppe herein (siehe Seite 78/79) an der Hand lernt. Ohne dass der Führer eine äußere, seitwärts treibende Hilfe einsetzt, veranlasst der Druck auf das Maul oder das Genick (bei der Arbeit mit dem Kappzaum) das Pferd, mit der Hinterhand nach innen zu treten. Dass der Zügel die Vorhand leitet, spürt der Reiter, weil auf das Annehmen des linken Zügels die Schulter nach rechts kommt und sich damit die Bewegungsrichtung nach rechts ändert – und umgekehrt. Ganz wichtig für den Reiter ist deshalb die folgende Überlegung: Die Einwirkung mit dem äußeren Zügel bringt die Schulter des Pferdes immer nach innen. Deshalb ist es ganz falsch, wenn versucht wird, das Pferd mit dem äußeren Zügel auf dem Hufschlag zu halten. Denn die Einwirkung des äußeren Zügels bringt wieder die Schulter nach innen und legt das Pferd damit auf eine falsche Bewegungsrichtung fest. Richtig behebt man das Problem, indem das Pferd lernt, dass es auf das Annehmen des inneren Zügels mit der Schulter nach außen ausweichen darf – dazu muss der äußere Zügel ganz nachgegeben werden.

SCHENKELHILFE Je nachdem wie der Schenkel liegt, spürt der Reiter zwei unterschiedliche Reaktionen: Wird der Schenkel weit vorne am Gurt eingesetzt, erzeugt er ein einseitiges Zusammenziehen der Muskulatur auf der inneren Seite – das Pferd macht sich hohl auf der Seite der Einwirkung. Es tritt automatisch mit dem inneren Hinterbein mehr unter und damit näher zum Schwerpunkt. Das Pferd kann auch lernen, auf die Einwirkung des Schenkels am Gurt oder eine Handbreit dahinter mit der Hinterhand seitwärts zu treten und zu weichen. Die Biegung ist dann korrekt, wenn sich die verkürzte und verspannte Rückenmuskulatur der hohlen Seite so weit entspannt, dass der Reiter innen problemlos sitzen kann. Die äußere Rückenmuskulatur ist als Gegenspieler in dem Moment optimal aufgedehnt. Sie fühlt sich höher an und setzt den Reiter deshalb nach innen.

Bei der Bodenarbeit zeigt es sich deutlich: Der innere Zügel biegt das Pferd vom Genick bis zum Schweif.

► Die Gymnastizierung

Der Begriff Gymnastizierung beschreibt nichts anderes, als dass das Pferd lernt, auf die Einwirkung des Reiters Muskeln zu spannen und vor allem zu entspannen und damit in gewissem Sinne »Gymnastik« zu machen.

Mit einer solchen Körperschulung durch rhythmische Bewegung (Definition für Gymnastik) werden Geschmeidigkeit, Kraft und Muskelaufbau erreicht. Die Folge davon: Das Pferd kann die verlangten Anforderungen leicht erfüllen. Allerdings muss sich der Reiter darüber im Klaren sein, dass der gezielte Aufbau von Gefäßen und Muskelgewebe Zeit und viel Geduld braucht. Nur das Pferd, das über ein stress- und angstfreies Training gelernt hat, dem Reiter zu vertrauen, wird auch unter ungewohnten Bedingungen – auf dem Turnier zum Beispiel – losgelassen und ausdrucksvoll gehen.

Wesentlich in der Gymnastizierung ist, dass der Reiter dem Pferd nach einer gezielten Anspannung der Muskulatur stets auch die Entspannung erarbeitet. Denn nur ein An-und Abspannen des Muskeltonus fördert die Durchblutung und damit den richtigen Aufbau der Muskulatur. Schon deshalb lassen sich hohe gymnastische Anforderungen wie etwa die Versammlung nicht mit ein paar »Handgriffen« dauerhaft erzwingen.

Wie schmerzhaft solcher Zwang sein kann, zeigt ein Selbsttest: Man versuche nur, eine lange Seite der Ovalbahn in der Hocke (nichts anderes bedeutet die Versammlung für das Pferd) zu hüpfen. Wer das überhaupt auf Anhieb schafft, hat hinterher zumindest starken Muskelkater. Dem Pferd ergeht das ebenso. Darum: Wer dem Pferd mehr zumutet, als es von der Kraft her leisten kann, erreicht allerhöchstens Widerstand. Das Pferd ist erschöpft, die Muskulatur verkrampft sich und das Pferd beginnt sich zu wehren.

Sinnvolle Gymnastik funktioniert stufenweise. Die Kraft wird schrittweise aufgebaut. Je kräftiger und besser bemuskelt ein Pferd und je höher damit auch sein Ausbildungsstand ist, desto ausdrucksvoller wird seine Körperhaltung.

Wie entscheidend der gezielte Wechsel zwischen Anspannen und Entspannen (Loslassen) der Muskulatur ist, zeigt sich ganz am Anfang der Ausbildung, beim Umgang mit der natürlichen Schiefe.

▶ **Die Schiefe**

Die Schiefe beschreibt die Erkenntnis, dass jedes Pferd eine »enge« und eine »weite« Seite hat, was man etwa damit vergleichen kann, dass jeder Mensch Rechts- oder Linkshänder ist.

Auf der »engen« Seite sind Vorderbein und Hinterbein enger beisammen, das Pferd geht in diese Richtung leicht gekrümmt (weshalb sie auch »hohle« Seite genannt wird). Die Muskulatur ist auf dieser Körperseite verkürzt und verspannt, weshalb sie in der Literatur auch »Zwangsseite« genannt wird.

Auf der »weiten« Seite ist das Beinpaar des Pferdes weiter auseinander, die Muskulatur ist gedehnt. Das Pferd gibt dem Reiter das Gefühl, als sei es auf dieser Seite steif, weswegen sie in der Literatur auch »schwierige« Seite heißt. Das Pferd nimmt den Hals ungern auf diese Seite und vermittelt das Gefühl, als wolle es sich in diese Richtung nicht »biegen«.

Wenn der unerfahrene Reiter diesen Unterschied spürt, versucht er in der Regel, das Pferd auf der weiten Seite am Zügel so lange zu bearbeiten, bis es (endlich) in diese Richtung guckt. Das ist aber falsch. Denn die Einwirkung der Hand auf der weiten Seite erzeugt Druck. Das Pferd verspannt sich, weil es auf dieser weiten Seite gar nicht »nachgeben« kann, denn hier ist die Muskulatur ja gedehnt. Umgekehrt wird ein Schuh daraus: Es muss die Muskulatur auf der anderen, der engen Seite dehnen, um zunächst »gerade« zu werden. Erst dann kann es die Muskulatur auf der vormals weiten Seite verkürzen und sich biegen.

Das Beheben der natürlichen Schiefe ist erstes Ziel der gymnastizierenden Arbeit: Das Pferd wird vorwärts-abwärts in eine Dehnungshaltung geritten. Damit kann die Muskulatur das

▶ **Ein Wort zu Stellung und Biegung**

Stellung heißt, dass das Pferd seinen Kopf im Genick oder Hals seitlich wendet. Unter Biegung versteht man die Krümmung der Wirbelsäule. Die Stellung ist in der Regel eigens definiert – als Genickstellung oder Halsstellung. Ihr Übergang zur Biegung ist oft fließend – und es gibt nicht wenige Ausbilder, die bezweifeln, dass eine Halsstellung am Widerrist endet, sich also nicht in die Wirbelsäule fortsetzt.

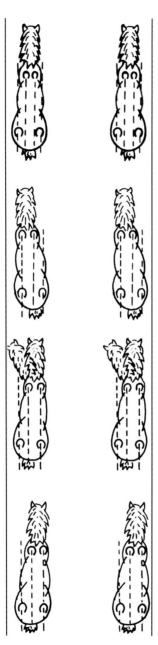

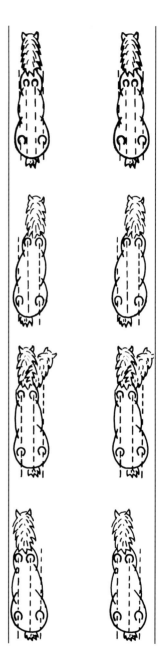

Das links enge (hohle) Pferd auf der linken (Bande rechts) und auf der rechten Hand.

Das rechts enge (hohle) Pferd auf der linken (Bande rechts) und auf der rechten Hand.

Reitergewicht tragen, der Rücken kann frei schwingen, die Bewegung geht durch den ganzen Körper und wird nicht mehr blockiert, beide Hinterbeine können gleichmäßig zutreten und Last aufnehmen. Würde der Reiter die Hinterhand vor dieser Ausbildungsstufe mit Gewalt zu Lastübernahme zwingen, würde er die Schiefe nur verstärken.

Wichtig ist, dass der Reiter das Pferd zunächst nicht auf beiden Händen gleichviel arbeitet. Denn dem Pferd fällt das Gehen leichter, wenn es auf die enge Seite gestellt ist. Deshalb beginnt man die tägliche Arbeit zunächst immer auf dieser Hand. Spielerisch wird immer wieder ein Handwechsel eingestreut, wobei die Stellung in Richtung der weiten Seite zunächst viel kürzer und seltener gefordert wird.

Fußt das Pferd hinten gleichmäßig, kann der Reiter das nächste Ziel verfolgen. Das Pferd lernt, die Hinterhand zu belasten.

Durch Stellen und Biegen auf beiden Händen, durch Arbeiten in den Seitengängen trainiert der Reiter die Hinterbeine des Pferdes gleichmäßig. Das Pferd wird abwechselnd links und rechts in der Hinterhand immer tiefer, setzt diese damit Stück für Stück immer weiter unter und ist deshalb in der Lage, den Rumpf besser anzuheben. Die Schulter wird frei, es wird leicht und fein in der Hand und kann sich tragen.

Mit einer bewussten Gewichtsverlagerung versucht der Reiter, den verspannten Rücken des passig gehenden Pferdes zu lösen.

Wie der Reiter die Schiefe spüren kann

Die Erfahrung zeigt, dass die meisten Pferde links hohl sind – das heißt, die enge Seite ist links. Für die Arbeit in der Bahn bedeutet das: Das Pferd wird sich auf der linken Hand so bewegen, dass das rechte Hinterbein und das rechte Vorderbein sich an die Bande lehnen. Dadurch nimmt das Pferd von selbst eine leichte Travers-Stellung an, weil die Hinterhand breiter ist als die Vorhand. Die Bewegung geht so ganz selbstverständlich in Richtung Bande und der Reiter hat auf der linken Hand weniger Mühe, das Pferd auf dem äußeren Hufschlag zu halten. Probleme gibt es erst beim Abwenden von der Bande auf der linken Hand: Das unausgebildete Pferd macht sich dann nur über den Hals hohl und läuft über die äußere Schulter weg geradeaus weiter.

Im Gelände sind links hohle Pferde leichter auf der rechten Wegseite zu reiten, weil sie sich dort an den Wegrand »anlehnen« können wie an die Bande. Wird das links hohle Pferd in der Bahn auf der rechten Hand geritten, lehnt sich das äußere Hinterbein an die Bande, während die innere Hinterhand und die innere Vorhand auf einer Spur laufen. Der Reiter hat das Gefühl, dass das Pferd ständig nach außen guckt und nach innen drängt. Versucht er, das mit dem inneren Zügel zu korrigieren, wehrt sich das Pferd, weil es (noch) nicht gelernt hat, die Muskulatur auf der äußeren (engen) Seite aufzudehnen.

Wenn der Reiter versucht, das Pferd auf der weiten Seite einfach nach innen zu stellen, wird es zwar den Kopf zur Seite nehmen, aber die Rückenmuskulatur nicht entspannen können. Der Reiter kann innen nicht sitzen, sein Gewicht hängt außen.

Im Gelände kann das Pferd in diesem Stadium eigentlich gar nicht am linken Wegrand geritten werden. Weil sie den Grund nicht kennen, versuchen viele Reiter es trotzdem und zwar auf zwei verschiedene Arten: Sie versuchen das Pferd mit dem linken Zügel am linken Wegrand zu halten und erreichen nur, dass es den Kopf nach links nimmt und über die rechte Schulter eigentlich geradeaus weiter läuft. Oder sie versuchen das Pferd mit dem linken Zügel links zu halten und es zugleich mit dem rechten Zügel gerade zu stellen. Die Folge ist, dass sich das Pferd verspannt.

Unerlässlich, so lange das Pferd sich noch nicht fallen lassen und die Rückenmuskulatur noch nicht dehnen kann: der Entlastungssitz.

▶ Der Sitz

Grundsätzliches soll am Anfang auch zum Sitz des Reiters gesagt werden: Der Sitz ist kein festes Konstrukt. Er ist immer Mittel zum Zweck und nicht Selbstzweck. Sitzschulungen nach vorgegebenem Schema, womöglich noch auf Pferden, die nicht sitzen lassen, weil sie im Rücken verspannt sind, sind deshalb vollkommen sinnlos und überflüssig. Keinen Zweck hat es so gesehen auch, auf einem trabenden oder passartig gehenden Pferd den »Töltsitz« zu üben. Sitzkorrekturen zu einem Zeitpunkt, in dem das Pferd noch nicht sitzen lässt, machen den Reiter nur steif und nehmen ihm sein Gefühl für das Gleichgewicht.

Der »Selbstversuch« lässt die Schmerzen erahnen, die das Pferd hat, wenn es den Rücken nicht runden darf.

Als Erstes sollte der Reiter vielmehr eine Art lockeren »Schlabbersitz« beherrschen, der sich dem anpasst, was das Pferd zu bieten hat. Hauptziel ist es, mit dem Pferd ins Gleichgewicht zu kommen, zu erspüren, welche Schiefheit ausgeglichen werden muss, zu entlasten,

Ein Wort zum Leichttraben

Die Gebäude-Besonderheiten, die das Islandpferd zum Tölter oder Fünfgänger machen, (siehe Seite. 40), bringen es mit sich, dass viele Pferde im Trab leicht unregelmäßig gehen, dass die Hinterhand ungleich schiebt.

Auch ist die Trabbewegung, solange das Pferd noch nicht loslässt, kurz und flach, der Rücken gibt dem Reiter wenig »Hub« – das heißt, der Reiter wird kaum nach oben geworfen.

Wenn sich der Reiter unter diesen Bedingungen im Leichttraben versucht, steht er eher aktiv auf, als dass er vom Schwung des Rückens nach oben geworfen würde. Das bringt das Pferd aus dem Takt, zumal das Größenverhältnis (eher kleines Pferd – erwachsener Reiter) auch noch für ungünstige Gewichtsverhältnisse sorgt und jede Gewichtsverlagerung das gemeinsame Gleichgewicht stört. Leichte Kinder haben mit dem Leichttraben da weniger ein Problem.

Hinzu kommt, dass die Pferde aufgrund ihrer natürlichen Schiefe anfangs oft nur auf einem Fuß leichtgetrabt werden können – ein Fußwechsel ist nicht möglich. Mit der negativen Folge, dass die ohnehin starke Seite immer mehr trainiert, die andere vernachlässigt wird. Deshalb sollten Islandpferde in der Regel nicht leichtgetrabt, sondern »isländisch« (lockerer Schlabbersitz) und vor allem entlastend ausgesessen werden.

Meistens besser als Leichttraben: ein lockerer Sitz, der die Rückenbewegung nicht hemmt und das Pferd nicht aus dem Gleichgewicht bringt.

Den Drehsitz nimmt der Reiter in jeder Biegung ein. Im Drehsitz dreht der Reiter seinen Oberkörper so weit, dass seine Schultern parallel sind zu den Schultern des Pferdes. Die Hüfte des Reiters ist parallel zur Hüfte des Pferdes. Der Drehsitz ermöglicht dem Reiter die richtige Gewichts- und Kreuzeinwirkung, wenn das Pferd gestellt und/oder gebogen ist. Bis zu einem sehr hohen Ausbildungsstand wird das Pferd im Grunde nie ohne Stellung oder Biegung geritten. Für den Reiter bedeutet das, dass er quasi permanent einen Drehsitz einnimmt und entsprechend einwirkt.

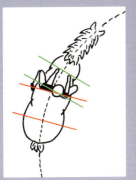

wenn der Rücken steif ist. Ein Wegsitzen von der Bewegung ist erlaubt, wenn das Pferd den Rücken nach oben drückt und passartig geht. Die meisten Reiter weichen aus, indem sie die Beine in die Bügel stemmen, das Becken nach hinten kippen und den Rücken rund machen.

Wem es gelingt, all diese Widrigkeiten locker zu überstehen und zu übergehen, hilft sich und seinem Pferd viel mehr, als derjenige Reiter, der zwar »korrekt« sitzt, sich aber innerlich festhalten und äußerlich verspannen muss, um den gesteckten Rahmen der klassischen Sitzanforderungen einzuhalten. Oder – was noch schlimmer ist – als ein Reiter, der dem mit festem Rücken gehenden Pferd noch »spektakuläre« Bewegungen entlocken will. Jeder Reiter sollte wissen: so sehr, wie er selbst sich obendrauf verspannen muss um zu sitzen, so unwohl fühlt sich auch das Pferd, weil es im Rücken nicht elastisch schwingen kann. Losgelassene Pferde sind leicht zu sitzen – auch wenn sie raumgreifende Bewegungen haben. Der mühelose Sitz ist deshalb auch für den Betrachter ein Signal für Harmonie.

Die Erfahrung zeigt, dass dann, wenn der Reiter in der fortgeschrittenen Ausbildung einen korrekten Sitz braucht, er diesen mit den Anforderungen quasi von selbst lernt. Wer zum Beispiel Kruppe herein (siehe Seite 78/79) reiten möchte, wird schnell spüren, wie weit der äußere Schenkel zurückgenommen werden muss, weil die Lektion sonst nicht funktioniert. Und dann wird er seinen Oberkörper ganz selbstverständlich im Sattel aufrichten – weil das zurückgenommene äußere Bein ihn dazu veranlasst und weil das Pferd ihn sitzen lässt.

Die entlastende Tendenz im Sitz endet erst, wenn eine Anlehnung erreicht ist. Denn jetzt muss das Pferd nicht mehr vorwärts-abwärts geritten werden. Deshalb hilft der Vollsitz nun, das Pferd auf die Hinterhand zu richten. Aber erst jetzt. Und jetzt ist sitzen auch ganz einfach – ohne Krampf und Verspannung. Deshalb: Sollte dieses Gefühl sich ändern, sollte die Anlehnung verloren gehen, muss der Rücken des Pferdes wieder entlastet werden, bis die Verbindung von hinten nach vorne wieder stimmt.

Spätestens jetzt ist es auch wichtig, dass der Reiter den »Drehsitz« korrekt beherrscht – und auch immer wieder korrigiert wird, wenn Schultern und Hüften von Pferd und Reiter in den Wendungen und Biegungen nicht mehr parallel sind.

Wenn das Pferd im passigen Tölt geht oder das Rennpass-Gehen lernt, weicht der geschickte Reiter der eher verspannten Bewegung aus, indem er den Rücken rundet. Damit verhindert er, dass die Bewegung noch zweitaktiger wird und das Pferd wechselt.

► Der Beschlag

Wie der Sportler ohne geeignete Turnschuhe keine Leistungen bringen kann, so ist auch für ein Pferd, das ausgebildet und gearbeitet wird, ein Beschlag zwingend notwendig. Vor allem für Islandpferde, die im Tölt und Pass auf eher harten Wegen und Ovalbahnen geritten werden, ist die Arbeit ohne Beschlag Tierquälerei.

Grundsätzlich ist es sinnvoll, beim Beschlag des Pferdes Rücksicht auf dessen Gangveranlagung zu nehmen. Es kann bei der Suche nach der richtigen Körperhaltung und dem Takt durchaus helfen, mit Eisen und Glocken kurzfristig geringe Gewichtsunterschiede einzubauen. Allerdings wirkt sich der Beschlag nur auf die Beine und höchstens geringfügig auf den Körper des Pferdes aus. Das falsch ausgebildete Pferd wird trotz Gewichtsmanipulation immer auf der Vorhand gehen – ganz gleich ob Glocken und Eisen vorne oder hinten schwer sind. Vergleichbar ist der Einsatz von schwereren Eisen oder Glocken mit einem kurzfristigen Einsatz eines Hilfszügels, mit dem sich eine Veränderung in Richtung Zwanglosigkeit bewirken lässt, mehr aber auch nicht. Will der Reiter sein Pferd aber über die Stufe der Zwanglosigkeit hinaus ausbilden, erschwert jeder Gewichtsunterschied zwischen Vor- und Hinterhand die Arbeit.

Wer sein Pferd versammeln will, und in dieser Phase immer noch Gewicht an den Vorderbeinen hat, arbeitet gegen das Pferd. Der Reiter, der diese Zusammenhänge verstanden hat, wird die leichtesten Glocken wählen, die er finden kann, wenn sein Pferd im hohen Tempo (und in den dann engen Ovalbahnkurven) einen Schutz braucht.

Wer Gewichtsunterschiede im Beschlag dazu verwendet, dass das Pferd die Beine anders setzt (im Gang quasi Losgelassenheit simuliert), erreicht auf diese Weise vielleicht einen besseren Viertakt. Wenn aber der Körper des Pferdes nicht mit gymnastiziert, sondern womöglich weiter zusammengestaucht wird, schadet das der Gesundheit des Turnier- oder Freizeitpartners.

Auf jedem Turnier und jeder Zuchtprüfung wird der Beschlag von den Richtern überprüft.

▶ Das Gebäude

Islandpferde gehen Tölt und Rennpass, sie sind trittsicher und belastbar. All diese Vorteile haben ihren Ursprung vor allem im Gebäude, das sich bei dieser Rasse in einigen Punkten grundlegend von dem eines »Dreigängers« unterscheidet.

In der Hinterhand

In der Hinterhand eines Pferdes entscheidet sich dessen Gangverteilung. Das heißt: Der erfahrene Reiter kann oft schon beim Blick auf das Gebäude erkennen, ob ein Pferd Viergang- oder Fünfgang-Veranlagung hat. Im Prinzip lässt sich sagen: Je offener der Winkel zwischen Becken und Oberschenkel, desto mehr natürlichen Tölt und Pass hat das Pferd. Ein Pferd mit offenem Winkel hat viel Schubkraft, seine Hinterhand schiebt mehr als sie trägt. Je mehr sich der Winkel in Richtung 90-Grad schließt, desto mehr Tragkraft hat ein Pferd und damit eine bessere Veranlagung zu Trab und gesprungenem Galopp. Deshalb gilt dieser 90-Grad-Winkel in der Warmblutzucht als Optimum.

Fünfgänger mit ausgeglichener Gangverteilung, lockerer Typ – die Hinterhand ist weggestellt.

Dasselbe Pferd im Trab mit extremer Bergauf-Bewegung und kräftigem Schub aus der wegge-stellten Hinterhand.

Im Widerrist

Viele Islandpferde haben einen wenig ausgeprägten Widerrist. Das hat zur Folge, dass ihr Rücken eher gerade ist, fast nach oben »gewölbt« wirkt. Sie können deshalb müheloser schwere Last tragen, als Pferde mit weichem Rücken. Islandpferde tragen problemlos erwachsene Reiter, ohne Schaden zu nehmen.

Allerdings: Die aufgrund des offenen Winkels weiter weggestellte und damit schiebende Hinterhand und der wenig ausgeprägte Widerrist geben dem Pferd eine Vorwärts-Abwärts-Tendenz. Das Pferd geht von Haus aus stärker auf der Vorhand, es läuft seinem Gleichgewicht hinterher. Was die Gymnastizierung nicht einfacher macht: Pferde mit wenig Widerrist haben eine schlechte Sattellage und sind im Allgemeinen weniger beweglich.

Breite Stellung

Nochmals erschwerend kommt hinzu: Die meisten Pferde mit viel Schub und schnellen Gängen gehen hinten sehr breit, sie haben außerdem, wie die meisten Wildtiere, weite Beinstellungen – zehenweit, bodenweit oder sogar beides. Das bringt ihnen eine

große Trittsicherheit ein. Beim Geradeausgehen haben die Pferde keine Probleme. Nur beim Stellen und Biegen, wenn sie die Hinterbeine enger beieinander setzen müssen, tun sie sich schwerer als Pferde mit enger Stellung. Deshalb brauchen Pferde mit breiter Stellung besonders viel Geduld in der Gymnastizierung.

All diese Gebäudemerkmale – die besonders fünfgängige Islandpferde in sich vereinen – sind der Grund dafür, dass Gangpferde eine sorgfältige Ausbildung brauchen. Besonders das Biegen in der Längsachse fällt den Pferden schwer – gerade das aber ist zwingend notwendig, wenn das Pferd richtig gymnastiziert und die Hinterhand schonend zu mehr Lastübernahme angeregt werden soll.

Der Reiter muss deshalb mit Geduld und Ausdauer zu Werke gehen, weil Zwang und Druck nur zu Lasten der Gesundheit des Pferdes gehen.

Typisch isländisch: Die kräftig schiebende, extrem breite Hinterhand. Bis das Pferd gelernt hat, diese Hinterbeine nahe beieinander zu setzen, fällt ihm das Gehen auf dem Zirkel oder gar auf engen Wendungen extrem schwer.

Vorhand und Aktion

Interessant für die Ausbildung eines Islandpferdes ist ein weiteres Detail: Jahrzehntelang galt die Lehre, dass die Lage der Schulter entscheidend sei für den Raumgriff eines Pferdes. In ihrer Verlängerung zeige die Schulter auf den Punkt am Boden, bis zu dem die Vorhand maximal vorgreifen könne. Das stimmt so nicht. Bemerkenswert ist der Ansatz, dass für Raumgriff und Aktion eines Pferdes nicht als erstes die Schulter, sondern zum großen Teil die Lage und Länge des Oberarmes ausschlaggebend ist. Natürlich immer vor dem Hintergrund betrachtet, dass ein Pferd ein in sich geschlossenes »System« darstellt, also auch Talent, Energie oder andere Gebäudemerkmale an Aktion und Raumgriff mitwirken – zum Beispiel die Hinterhand. In Sachen Vorhand gilt allerdings: Je steiler der Oberarm liegt und je kürzer – womit das Pferd eher wenig Aktion und Raumgriff hat – desto weniger belastet werden Sehnen, Gelenke und Muskulatur der Vorhand. Je länger der Oberarm ist und je waagrechter er liegt, desto mehr federn die »Verbindungen« in der weiteren und höheren Bewegung. Der Reiter muss solche Pferde viel sorgfältiger gymnastizieren und in der Arbeit viel bewusster auf deren Gesunderhaltung achten.

Oft zu beobachten: ein extremer Rennpasser, der bei Aufregung nur Trab zeigt, dabei aber im Körper »auseinander bricht«; Vorhand hoch und mit Aktion, Hinterhand extrem nach hinten ausgestellt, oft sogar mit leicht aufgestelltem Schweif.

Rücken

Ein Wort noch zum Rücken: Grundsätzlich ist ein Pferd mit längerem Rücken im Allgemeinen geschmeidiger, dabei allerdings weniger tragfähig. Das Pferd hat weniger Mühe mit elastischen und raumgreifenden Bewegungen. Im Vergleich zum Pferd mit eher kurzem Rücken ist es schwieriger zu versammeln.

Der kurze Rücken ist tragfähiger, das Pferd ist in sich kompakter. Der Reiter muss aber mehr Zeit und genaue Arbeit aufwenden, um den Rücken beweglich zu machen. Hat er das erreicht, ist das Pferd dann aber leichter zu versammeln.

Alle diese Erkenntnisse zwingen übrigens jeden verantwortungsbewussten Züchter zu einer Grundsatzentscheidung: Denn je mehr Reitpferdeeigenschaften dem ursprünglichen Wildpferd angezüchtet werden, um so anfälliger wird es für die Fehler des Reiters, desto eher leidet die Robustheit, und Verschleißerscheinungen machen sich bemerkbar. Anforderungen, die man bei Freizeitpferden vom alten isländischen Schlag eher vernachlässigt hat (wie etwa das Warmreiten oder das gezielte Auf- und Abtrainieren vor und nach einer Leistung), ohne dass sie Schaden nahmen, werden dann immer wichtiger. Hier klafft eine enorme Lücke zwischen Schönheitsideal und Zuchtfortschritt beim Islandpferd und den Ansprüchen, die an Aus- und Fortbildung der Reiter gestellt werden.

Gangschema und *Typen*

Es hat sich herumgesprochen: Die fünf Gangarten der Islandpferde – Schritt, Trab, Tölt, Galopp und Rennpass – sind nicht einfach klar voneinander abgegrenzt. Von Haus aus verfügen sie vielmehr über die Fähigkeit, stufenlos von der lateralen zur diagonalen Bewegung zu variieren.

Sie können fließend vom Viertakt zum Dreitakt gehen.

Sie können vom Pass über den Passtölt zum Tölt und von dort über den Trabtölt in den Trab wechseln.

Sie können aber auch vom Pass über den Passgalopp zum Galopp kommen und vom Galopp über den Vierschlaggalopp zum Trab und vom Trab über das Zackeln in den Schritt bremsen, um vom Schritt fast stufenlos über den Pass-Schritt im Pass loszuschießen.

Sie können manchmal auf der Weide oder beim Freilaufen ausschließlich Trab zeigen und später unter dem Sattel trotzdem Rennpass gehen.

Derartig fließende Übergänge sind erwünscht und typisch für lockere Pferde. Sie zeigen das ganze Gangspektrum, das die Arbeit mit Islandpferden so interessant macht.

Die Gangarten des Islandpferdes

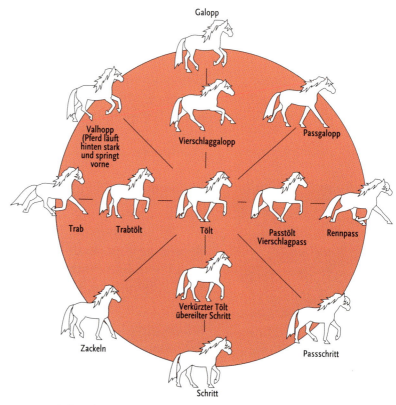

Galopp

Valhopp (Pferd läuft hinten stark und springt vorne

Vierschlaggalopp

Passgalopp

Trab

Trabtölt

Tölt

Passtölt Vierschlagpass

Rennpass

Verkürzter Tölt übereilter Schritt

Zackeln

Passschritt

Schritt

▶ Die Abgrenzung der Gangarten

Am besten lassen sich die Gangvariationen bei Fohlen auf der Weide beobachten, bei denen diese Übergänge so schnell kommen und die Gangarten über so kurze Strecken spielerisch wechseln, dass der Laie oft nur Bewegungsveränderungen wahrnimmt, ohne das Gesehene trennen zu können.

Für das Islandpferd wurde deshalb ein Gangschema entwickelt (siehe Zeichnung S. 46), in dessen Mitte der Tölt steht. Diese Gangart stellt vom Takt und vom Bewegungsablauf her exakt die Mitte zwischen Trab und Pass, zwischen Schritt und Galopp dar. Denn im Viertakt steckt sowohl die diagonale (Trab-)Bewegung wie auch die laterale (Pass-)Bewegung.

Alle fünf Gänge klar voneinander abzugrenzen, sie nacheinander zu reiten und in jeder Situation abrufen zu können, ist das Ziel der Ausbildung. Je gründlicher diese ist, desto harmonischer und müheloser wirkt das Pferd später beim Ausreiten oder auf dem Turnier in den Gangprüfungen – ganz so, als sei es ein »Selbstläufer«.

▶ Die Typen

Unter der Voraussetzung, dass alle Gangvarianten möglich sind, gibt es Pferde, die sich leicht tun mit dem lockeren Wechsel der Gangarten und andere, die im Prinzip ganz klar entweder zur linken oder zur rechten Hälfte des Gangschemas tendieren – auf die laterale (Pass-) oder die diagonale (Trab-) Seite.

So gesehen könnte man eigentlich einfach nur trennen zwischen dem lässigen Alleskönner und dem Spezialisten. Ganz so simpel ist es aber nicht – denn eine maßgebliche Rolle spielen Gebäude und Charakter des Pferdes.

▶ Die Rolle von Gebäude und Charakter

Der Reiter muss sich darüber im Klaren sein, dass in Anlehnung an die eingangs beschriebenen Gebäudemerkmale der Grundsatz gilt: Je mehr Pass ein Pferd hat, desto weiter rückständig ist es in Vorhand und Hinterhand. Der offene Winkel in der Hinterhand begünstigt sozusagen die vierte und fünfte Gangart. Der offene Winkel in der Hinterhand bringt allerdings auch Nachteile: Je weiter rückständig Hinterhand und Vorhand sind, desto mehr »rennt« das Pferd seinem Gleichgewicht hinterher. Es kann zwar im schnellen Geradeausgehen sein faszinierendes Gangspektrum entwickeln, hat aber viel weniger Möglichkeiten als der »Traber«, in engen Wendungen die Balance zu halten, sprich im Trab zu bleiben. Das ist übrigens einer der Gründe (neben der besseren

Eignung für das Formationsreiten beim Militär oder das Gehen vor der Kutsche), warum die Pferdezucht sich allgemein auf dem Kontinent in Richtung Trab entwickelte. Die Kampfpferde mussten wendig sein – nur die »Zelter«, die bequemen Damenpferde, mit denen man damals weite Strecken reiste, gingen bequemen Tölt und Reisepass.

Außerdem ist es ganz gleich, ob ein Pferd zum Trab oder zum Pass steif ist: Bei steifen Pferden ist der tiefste Punkt des Rückens weiter in Richtung Vorhand verschoben als bei lockeren.

Beide Erkenntnisse haben Konsequenzen für die Ausbildung – machen es Reiter und Pferd zumindest am Anfang nicht leicht. Es braucht viel mehr Zeit, ein Pferd, das seinem Gleichgewicht hinterherläuft, sozusagen ins »Lot« zu bringen. Es ist viel arbeitsintensiver, die rückständige Hinterhand eines Rennpassers so zu gymnastizieren, dass sie unter den Schwerpunkt tritt und das Pferd sich tragen kann.

Ein Trost für alle, die sich auf diesem weiten Ausbildungsweg befinden: Die Erfahrung hat gezeigt, dass ein Pferd für die wirkliche Spitzenleistung später nicht nur die Lockerheit im Zentrum des Gangschemas braucht, sondern auch die Extremleistung in dessen Randbezirken.

Ähnlich ist es beim Charakter:

Hier gilt grundsätzlich: Je empfindlicher ein Pferd von seinem Nervenkostüm her ist, desto eher neigt es zu Steifheiten. Je ausgeglichener und selbstsicherer ein Pferd ist, desto lockerer ist es. Allerdings brauchen Ausnahmepferde einen ausgeprägten Willen und eine gewisse Härte, die ihnen Spitzenleistungen ermöglichen, am Beginn der Ausbildung aber durchaus hinderlich sein können. Für die Reiter, die einen »Draht« zu ihnen finden, leisten die heiklen Pferde dann oft Beachtliches. Gegen die Reiter, die sie »unterbuttern«, vergeuden sie aber meist ihre Kräfte

Ein lockerer Viergänger – hier auch typisch: die flache Kruppe.

und Fähigkeiten im ständigen Kampf, den – je kräftiger und erfahrener es mit den Jahren wird – eigentlich immer das Pferd gewinnt.

▶ Arbeit mit den unterschiedlichen Typen

Zunächst werden alle Pferde möglichst so lange am lockeren Zügel nur getrabt, bis sie gelernt haben, alleine und mit anderen überall hinzugehen. (Der Aufbau dieser Arbeit ist ausführlich in unserem ebenfalls im Kosmos-Verlag erschienenen Buch »Reiten auf Islandpferden« beschrieben.)

Anschließend wird der Reiter unter Zuhilfenahme der nachfolgend beschriebenen »Bausteine« Stufe für Stufe die »Erfolgstreppe« erklimmen. Voraussetzung für das Gelingen ist aber: Er sollte dabei alle Übungen zunächst im Schritt machen, bis das Pferd die Anforderungen verstanden hat. Am effektivsten ist die Ausbildung, wenn alle Lektionen im Tölt erarbeitet werden.

Die Erfahrung hat nämlich gezeigt, dass es für die Töltausbildung nichts bringt, das Pferd in den Randgangarten (vor allem im Trab) des Schemas weit auszubilden und dann erst den Tölt zu erarbeiten. Die Ausnahme bilden: Der Viergänger mit starker Trabveranlagung oder der Fünfgänger, der guten Trab geht, aber steif ist. Beide Typen sollten vor dem Eintölten im Trab gut geritten sein – mindestens Schulter vor auf beiden Händen können.

Grundsätzlich gilt: je durchlässiger das Pferd ist, und je mehr es ohne Zwang in Richtung Versammlung geritten werden kann, desto besser lässt es sich im Gangschema variieren. Je steifer es ist, desto geübter muss der Reiter sein, wenn er es locker reiten will, oder er muss das Pferd so nehmen, wie es von Natur aus veranlagt ist und sich mit dessen Steifheiten arrangieren.

Im Groben lassen sich die einzelnen Typen in lockere und steife Ausprägungen bestimmter

Ein typischer Naturtölter: im Körper bergauf mit tiefer Kruppe.

Lockerer Fünfgänger mit langen Linien – das ganze Pferd ist gestreckter als der kompakte Typ auf Seite 40.

Gangveranlagungen unterteilen – wobei Zwischenformen in jeder Richtung natürlich immer möglich sind. Von lockeren Pferden wird dann gesprochen, wenn diese keine Mühe haben, fließend von einem Gang in den anderen zu wechseln. Steifen Pferden fällt der Gangartenwechsel hingegen schwer – meist treten im »neuen« Gang anfangs Verspannungen auf.

Der lockere Naturtölter

Er zeigt von Beginn an viel Tölt, hat in den Wendungen mehr oder weniger starke Galopprollen. Der Trab ist eher gelaufen und muss oft gelernt werden. Wenn diese Pferde Pass gehen können, ist dieser oft nahe am Viertakt. Der Galopp ist bequem zu sitzen, dabei gelaufen in der Hinterhand und stark bergauf in der Vorhand. Durch diese starke Bergauf-Tendenz in den Gängen geben diese Pferde vor allem in der Anfangsarbeit das Gefühl, dass sie nicht genügend vorwärts gehen wollen. Alle Gänge sind am Anfang der Ausbildung eher langsam.

Der lockere Viergänger

Diese Pferde gehen anfangs in der Grundausbildung meist nur Trab. Sie kommen aber aus dem Schritt heraus mühelos zum Tölt

Der steife Viergänger: Der tiefste Punkt des Rückens liegt deutlich weiter vorne als beim lockeren Viergänger.

im langsamen Tempo. Der Trab kann ohne Probleme schnell geritten werden, und wenn sie einen Berg hinunter schnell getrabt werden, »überlaufen« sich diese Pferde zum lockeren Tölt im hohen Tempo, ohne dass der Rücken nach oben kommt und sie jemals passartig gehen. Der Galopp ist gut, rund, auch in Wendungen sicher, leicht bergauf und braucht anfangs ein etwas flotteres Tempo. Temperament und Charakter können sowohl Elemente des Naturtölters enthalten (eher ruhig) als auch Überreaktionen, wie sie die steifen Typen oft zeigen.

Der lockere Fünfgänger

Diese Pferde gehen wie die lockeren Viergänger anfangs nur Trab. Auch beim Töltansatz sind sich diese Pferdetypen so ähnlich, dass sich selbst erfahrene Reiter manchmal täuschen und sie verwechseln. Manchmal ist es ein Zeichen für die Fünfgang-Veranlagung des vermeintlich lockeren Viergängers, wenn das Pferd beim Bergab-Überlaufen aus dem schnellen Trab im Tölt irgendwann mit dem Rücken nach oben kommt und passartig geht. Der Galopp kann manchmal etwas flacher werden als beim lockeren Viergänger – muss aber nicht. Diese Pferde laufen oft jahrelang als Viergänger, bis ihr Talent zum Rennpass entdeckt wird.

Im Rennpass müssen die lockeren Fünfgänger gut in die Streckung geritten werden, sonst gehen sie mit zu hoher Haltung und zu viel Viertakt im Pass. Ihr Temperament und Charakter gleichen dem des lockeren Viergängers.

Der steife Viergänger

Die steifen Viergänger gehen anfangs nur Trab. Beim Freilaufen brauchen sie etwas Aufregung, damit sie schnell traben können. Sie haben außerdem die Tendenz, früh in den Galopp zu wechseln. Steife Viergänger müssen immer eingetöltet werden und können bei dieser Arbeit sehr schnell vom Trab zum sogenannten Schweinepass »kippen«. So nennt man passartiges Gehen im langsamen Tempo. Der Galopp ist oft unangenehm zu sitzen, denn steife Viergänger kommen dabei mit der Kruppe nach oben und fußen mit den Hinterbeinen ganz nah beieinander – zumindest so lange, bis das Pferd genügend vorwärts-abwärts geritten wurde.

Manchmal ist es schwer, den steifen Fünfgänger in der Bahn zu galoppieren.

Weil die steifen Viergänger beim Eintölten eine Pass-Spannung lernen, glauben unerfahrene Reiter zuweilen, diese Pferde hätten eine Rennpass-Veranlagung. Dies ist aber nicht so und zeigt sich im Tempo: die Pferde werden in der Hinterhand ungleich und können den Gang nicht halten oder sie kommen zu nahe zum Zweitakt und Tribulieren (siehe Seite 86).

Weil ihre Steifheiten diesen Pferden Schwierigkeiten bereiten und sie nur schwer eine lockere Form finden, sind sie vom Charakter her oft hektisch und neigen zu Überreaktionen.

Der steife Fünfgänger

Diese Pferde bewegen sich auf der Weide oft im verhaltenen Trab oder im steifen Pass. Der Trab ist bei ihnen an ein bestimmtes Tempo gebunden, nur wenig schneller als Arbeitstempo, sie haben zumeist weite Bewegungen aber wenig Balance.

Im Tölt ist wenig Takt vorhanden – ähnlich wie beim eingetölteten Viergänger. Auch im Galopp haben diese Pferde kaum

Tempovarianz. Entweder sie galoppieren in eher ruhigem Tempo, oder sie laufen stark und finden keine Balance. Jedes Zulegen endet im Kreuzgalopp oder die Pferde galoppieren im schnelleren Tempo gar nicht mehr.

Der Rennpass lässt sich bei diesen Pferden nur entwickeln, wenn alle Gänge locker geritten und damit im Tempo variiert werden können. Ähnlich wie beim steifen Viergänger haben diese Pferde oft Überreaktionen, vor allem weil sie aufgrund ihres Gebäudes dem Gleichgewicht hinterherlaufen und gerne rennen.

Der Rennpasser

Diese Pferde zeigen im Freilaufen Tölt, Trab, Pass oder gelaufenen Galopp. Sie verfügen über mehr Tempovarianten als die steifen Fünfgänger und haben zudem eine Bewegungsform, die es ihnen erlaubt, bei zunehmendem Tempo immer weiter und offener zu werden. Ein Rennpasser muss sehr viel Willen besitzen. Dies macht ihn im Verlauf der Ausbildung zum eher schwierigen Kandidaten. Wichtig ist, sich viel Zeit zu nehmen, damit das Vertrauen in die Arbeit und in die Einwirkung des Reiters bei diesen Pferden nicht verloren geht.

Rennpasser im guten Gleichgewicht

Die Bausteine der Ausbildung

Wie ein solides Gebäude aus starken Steinen besteht, gründet das harmonische Miteinander von Reiter und Pferd auf einem konsequenten Aufbau von Übungen. Diese »Bausteine« sollen in diesem Kapitel vorgestellt werden. Dabei zeigt schon die Darstellung, dass nicht alle Bausteine von Anfang an zur Verfügung stehen können. Wie hier beschrieben, können sie einer nach dem anderen erarbeitet werden, je nach Typ und Talent fallen den Pferden einige Übungen leicht, für andere brauchen sie länger. Eines aber ist wichtig: Jeder einzelne der beschriebenen Bausteine ist zwingend notwendig für die Arbeit an einer soliden Erfolgstreppe (siehe Seite 95). Dort ist dann auch die Anordnung der zum Teil variabel erarbeiteten Übungen wichtig. Was das heißt, zeigt ein Beispiel: Weil ihm diese Lektion leicht fällt, kann der Naturtölter locker den Berg hinunter getöltet werden, ehe er Schulter herein oder Kruppe herein lernt. Der steife Viergänger hingegen, der freiwillig niemals einen Berg hinunter tölten würde, muss erst alle »Bausteine« sicher beherrschen, ehe er diese Anforderung ohne Zwang erfüllen kann.

Zur
Harmonie zwischen
Pferd und Reiter

▶ Die Arbeit an der Longe

Longiert wird das Pferd zunächst an einem starken Stallhalfter, später am Kappzaum. Grundsätzlich muss der Longenführer sich darüber im Klaren sein, dass es jedem Pferd anfangs schwer fällt, sich zu biegen – besonders aber dem Fünfgänger. Die Gründe sind im Kapitel Gebäude (ab S. 47) dargestellt.

Deshalb muss extrem darauf geachtet werden, dass das Pferd die Chance hat, sich auf der Kreislinie zwanglos zu bewegen. Dies erreicht man,

▶ indem ein Longierzirkel mit Außenbegrenzung verwendet wird.

▶ indem wenig Zwang ausgeübt wird. Auf Hilfsmittel wie Ausbinder, Kappzaum oder Gogue sollte anfangs verzichtet werden.

▶ indem das Pferd in erster Linie im Schritt oder Trab gearbeitet wird.

▶ Schnelles Wenden

Das schnelle Wenden ist vor allem für Pferde gut, die deshalb passartig gehen, weil sie unaufmerksam und träge sind. Ein plötzliches Stoppen, Umdrehen und wieder Losgehen erzeugt so viel Energie, dass die Pferde anschließend im positiven Bewegungsablauf – sprich: mit Galopprolle oder sogar gleich im Trab losgehen. Das schnelle Wenden ist manchmal auch eine gute Übung für Pferde, die eigentlich keine Gangprobleme haben, aber grundsätzlich unaufmerksam sind.

Beim Wendevorgang schneidet der Longenführer dem Pferd den Weg ab, indem er sich zur Bande hin bewegt, mit einem kleinen Ruck an der Longe sicherstellt, dass das Pferd den Kopf nicht nach außen stellen kann und nach außen umdreht. Der Longenführer ist damit auch in der richtigen Position, um das Pferd auf der neuen Hand wieder vorwärts zu treiben. Das schnelle Wenden darf nicht missverstanden werden als Lektion, die das Pferd unter Druck setzt. Deshalb muss der Longenführer immer darauf achten, dass keine Hektik aufkommt.

Grundsätzlich sollte der Longenführer wissen: je schneller ein Pferd auf der Kreislinie laufen muss, desto schwieriger fällt ihm das Loslassen. Wenn Pferde nicht traben wollen, kann es ihnen über das »Schnelle Wenden« erleichtert werden, den Gang zu finden.

Naturtölter lassen sich bisweilen über ausgedehntes Rollenlassen (Taktfehler zum Galopp) zum Traben locken. Dabei braucht man keine Angst zu haben, dass das Pferd sich diesen gewollten

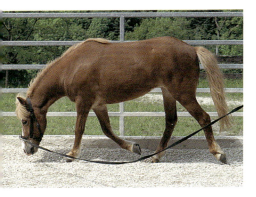

Longieren: Das Pferd lernt die Dehnungshaltung.
Bild vier, von vorne, zeigt eindeutig: Ist das Pferd tief genug gedehnt, sind Stellung und Biegung ganz korrekt.

Taktfehler zum Galopp einprägt (siehe Seite 122). Auch häufige Handwechsel können dem Naturtölter helfen, den Tab zu finden. Ebenso eignen sich Stangen oder Cavaletti, über die das Pferd den Trabrhythmus finden kann.

Wenn das Pferd am Halfter das Rundlaufen verstanden hat und sich taktmäßig, locker auf der Kreislinie bewegt, arbeitet der Longenführer auf das nächste Ziel hin: die Dehnungshaltung. Um Einfluss nehmen zu können, trägt das Pferd nun einen Kappzaum. Gezieltes Verkleinern und (nachgebendes) Vergrößern des »Zirkels« durch Annehmen und Nachgeben an der Longe veranlassen das Pferd, sich vorwärts-abwärts zu dehnen.

Das junge oder unerfahrene Pferd kann sich nur sehr schwer einer gebogenen Linie anpassen. Deshalb wird versucht, das Pferd über den Kappzaum immer wieder von der Bande ins Innere des Longierzirkels zu holen und es dann geradeaus laufen zu lassen, bis der Kontakt zur Bande wieder da ist. Dieser Vorgang wird allmählich so aneinander gereiht, bis das Pferd im Longierzirkel ein Vier- oder Fünfeck läuft.

Diese »Konstruktion« wird kleiner und größer gemacht, bis das Pferd sich willig jeden Schritt wenden und wieder geradeaus richten lässt und dann ganz locker auf der Kreislinie läuft. Diese Arbeit kann im Schritt und Trab und später mit häufigem und fließenden Wechsel zwischen Schritt und Trab gemacht werden. Das Ziel ist, dass sich das Pferd bei dieser Arbeit vorwärts-abwärts dehnt und entspannt. Auch häufige Wechsel zwischen Schritt und Trab führen zu diesem Ziel.

Später lernt das Pferd über den Ausbinder die Anlehnung kennen.

Ist das Pferd erst einmal bereit, sich so weit zu dehnen, dass es quasi fast mit der Nase am Boden laufen kann, ist das für den Longenführer das Zeichen, dass er zum nächsten Schritt übergehen kann: dem Longieren in Haltung. Dazu wird das Pferd mit Ausbindern gearbeitet, die zunächst ganz tief verschnallt sind. Je nach Ausbildungsstand und Versammlungsgrad werden die Ausbinder höher in Richtung Widerrist verschnallt.

Ob er mit seiner Einschätzung richtig liegt, sieht der Longenführer daran, dass das Pferd sich gut trägt und in Balance laufen kann. Es sollte sich auf der Kreislinie taktmäßig, gelöst bewegen, sauber auf die Biegung einstellen können und sich nicht im Genick verwerfen.

WICHTIG Das Pferd tut sich auf der Zwangsseite (der engen Seite) leichter als auf der schwierigen Seite (der weiten Seite). Deshalb sollte die Arbeit auf der engen Seite anfangen und die schwierigere Anforderung auf der weiten Seite durch geschickte Handwechsel (und langsameres Tempo) möglichst zwanglos einbezogen werden.

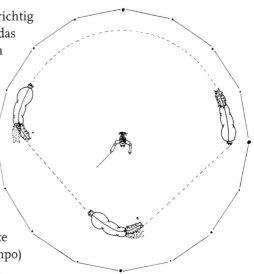

Rundlaufen an der Longe müssen junge Pferde erst lernen. Dazu teilt der Longenführer den Zirkel zunächst in »gerade« Abschnitte ein, indem er das Pferd immer wieder von der Bande ins Innere des Zirkels holt.

Handwechsel

Der gute Longenführer sollte ein Gefühl und eine gute Beobachtungsgabe für die Stärken und Schwächen seines Pferdes entwickeln. Er muss dazu wissen, dass auf der Wendung das innere Hinterbein immer mehr tragen und das äußere mehr schieben muss. Pferde, denen es schwer fällt, ihr Körpergewicht mit dem rechten Hinterbein zu tragen, longiert man so lange auf der linken Hand, bis das innere Hinterbein müde geworden ist. Die Pferde sind dann froh, wenn sie die Hand wechseln dürfen und das eigentlich schwache Hinterbein für kurze Zeit die anstrengende Arbeit übernehmen kann. Zeigt es Ermüdungserscheinungen, wird die Hand wieder gewechselt.

Den »Erfolg« dieser Übung kann man auch an sich selbst ausprobieren, wenn es gilt einen schweren Wassereimer zu tragen. Zunächst wird jeder Rechtshänder diesen eine gewisse Strecke in der rechten Hand tragen können. Dann aber ist er froh, wenn er, wenigstens für kurze Zeit, den Eimer links tragen kann. Er wird das Gewicht zwar schneller wieder auf die starke Seite verlagern, aber trotzdem mit diesem Ausgleich weiterkommen, ehe er den Eimer absetzen muss. Dies kann man auch aufs Longieren und (später) aufs Reiten übertragen und im spielerischen Wechsel zwischen starker und schwacher Hand das Pferd gymnastizieren.

Weitere Bespiele wären der Fußballer, der sich selbst antrainert, mit dem linken Fuß ebenso sicher zu flanken wie mit dem rechten. Oder der Sportler, der mit dem rechten Bein eigentlich besser hüpfen kann und das eine Runde auf der Ovalbahn durchhalten will. Nach einer gewissen Zeit ist er froh, wenn er einmal kurz auf das eigentlich schwache Bein wechseln darf.

Es ist sinnvoll, die Longenarbeit mit Ausbindern immer wieder zu unterbrechen, und dem Pferd etliche Runden in Dehnungshaltung zu erlauben. Jede Longenlektion sollte schließlich in der Dehnungshaltung enden. Dass diese tiefe Haltung immer wieder erreicht werden kann, zeigt dem Ausbilder auch, dass er mit dem Tempo und der Art seiner Arbeit richtig liegt.

In der fortgeschrittenen Arbeit können nicht nur Tempounterschiede im Trab in Angriff genommen werden, sondern auch Wechsel zwischen Trab und Galopp – vorausgesetzt der Longierzirkel ist groß genug.

▶ Die Bodenarbeit

Wie das Longieren dient die Bodenarbeit ein Stück weit der Dominanz. Das Pferd lernt den Ausbilder und späteren Reiter zu akzeptieren. Der Mensch lernt das Pferd kennen und kann eine Beziehung zu ihm entwickeln. Zwar sind Islandpferde-Reiter selten begeistert, wenn sie ihr Pferd führen sollen. Ein Bekannter zitiert jeweils grummelnd eine alte Weisheit aus dem Ursprungsland

Führen in Halsstellung
von vorne ...

der Rasse: »In Island laufen nur Bettler und Diebe«. Doch ist gerade bei Islandpferden die Arbeit am Boden wichtig, weil sie durchweg sehr eigene Persönlichkeiten sind und vom Sattel aus oft schwer zu einer Lektion zu überreden sind, wenn sie nicht genau wissen, was der Reiter von ihnen will. Grundsätzlich verläuft die Ausbildung immer von der leichteren zur schwereren Anforderung. Und der Erfolg einer Übung hängt davon ab, dass man sie in kleinere Einheiten zerlegen und sich diese einzeln vornehmen kann. Große Schritte bergen

... und von der Seite

viel eher die Gefahr eines Scheiterns in sich. Man vermeidet also sinnlose Kämpfe, die schwächere oder weniger geübte Reiter durchaus auch verlieren können, wenn man dem Pferd zuvor vom Boden aus klar macht, was es tun soll.

Das Führen beginnt ganz »einfach«: Der Führer geht vor dem Pferd, ein Helfer geht hinterher und treibt bei Bedarf.

Allmählich verändert sich die Position des Führers immer mehr auf die (zunächst) linke Seite des Pferdes. Wenn dieser auf der Höhe des Sattels führen kann, treibt er selbst mit der Gerte, der unterstützende Treiber von hinten ist dann nicht mehr nötig.

Das Pferd lernt schon in diesem Stadium, dass es von links und von rechts geführt wird. Zum Führen verwendet man zunächst das Stallhalfter, bei schwierigeren Fällen einen Kappzaum oder ein Halfter mit Kette. So ausgerüstet lernt das Pferd Übungen wie Halt, Rückwärtsgehen oder richtiges Wenden. Beim richtigen Wenden verkürzt der Führer das Tempo seines Pferdes und geht in der Wendung quasi vor diesem vorbei, lenkt damit die Bewegung in die neue Richtung (ausführlicher beschrieben in »Reiten auf Islandpferden«, gleicher Verlag).

Beim Halt tritt der Führer vor das Pferd, macht sich »groß«, wobei er die Hand und eventuell auch die Gerte hebt.

Führen im
Schulter herein

Sensible Pferde gehen bereits rückwärts, wenn der vor ihnen stehende Führer auf sie zutritt. Bei weniger sensiblen Pferden muss der Führer das Pferd mit der Gerte an der Brust oder den Vorderbeinen antippen und dabei das Pferd sogar noch mit der Führkette leicht annehmen.

Eine gute Übung, die den Gehorsam solcher Pferde schult, ist eine Art Schaukelbewegung: das Pferd wird dazu einen halben Meter vor und wieder zurück und wieder vor und erneut zurück geführt. Das Ergebnis: Das Pferd wird aufmerksamer und lernt, die Signale des Führers besser zu beachten.

Sitzen diese Übungen sicher und kennt das Pferd die Trense, wird es mit der Trense geführt. Zur Gewöhnung an das Gebiss wird das Pferd nach der Bodenarbeit mit einer gut sitzenden Trense gefüttert. So kann es sich mit dem Gebiss vertraut machen, ohne dass es die Zunge darüber nimmt. Mit der Zunge über der Trense könnte es nämlich nicht fressen.

Führen mit Halsstellung

Für diese Arbeit trägt das Pferd eine Trense mit Zügel. Bei Pferden mit starken Maulproblemen oder wenn sich das Pferd im Kiefer verschiebt, kann man auch einen Kappzaum verwenden. Sinnvoll kann auch eine Kombination aus Trense und Kappzaum sein, die verhindern hilft, dass sich das Pferd im Genick verwirft (falsch stellt). Der Führer hat eine Gerte, der Zügel ist dem Pferd wie zum Reiten über den Hals gelegt. Neben dem Pferd gehend nimmt der Ausbilder aus einer Position auf Höhe der Sattellage mit dem inneren Zügel Kontakt zum Pferdemaul auf. Er verlangt im Vorwärtsgehen eine leichte Halsstellung und lässt das Pferd, wenn es die Aufgabe erfüllt hat, wieder den Weg in die Tiefe suchen. (Vergleiche auch die Bermerkungen zum Longieren). Dabei hängt der äußere Zügel vollkommen durch (was anfangs viel schwieriger ist, als man meinen sollte) und die Gerte wird auf der inneren Seite mit der inneren Hand eingesetzt – je nach Bedarf am Hals, an der Schulter, an der Schenkellage oder an der Hinterhand, was einiges Geschick in der Gertenführung verlangt.

Innerer oder äußerer Zügel?

Für viele Reiter, vor allem wenn sie nicht sehr vertraut sind mit der Dressurarbeit, ist es immer wieder ein Problem, zwischen innerem und äußerem Zügel zu unterscheiden. Dieses Dilemma findet ein Ende, wenn man sich klar macht, dass innen immer die Seite ist, auf die das Pferd gestellt ist, sich also hohl macht, und außen die Seite, auf der das Pferd weit ist. Diese allgemein gültige Beschreibung lehnt sich an an die Campagne-Reiterei, die immer auf freiem Feld ohne Bande ausgeführt wurde. Entsprechend sitzt der Reiter übrigens auch im Drehsitz (siehe Seite 37), – ganz gleich ob im Gelände, beim Reiten durch den Wald oder im Dressurviereck und auf der Ovalbahn.

Schulter herein lernt das Pferd, wenn es aus der Ecke auf die lange Seite kommt.

Sobald das Pferd diese Übung verstanden hat, sollte der Führer es im Hals stärker stellen, so lange, bis es kaut – und dann wieder ausgiebig in die Tiefe strecken lassen. Das Pferd sollte die Anforderung von beiden Seiten mühelos beherrschen.

Nimmt das Pferd die Dehnungshaltung ein, hat diese Übung ihren Zweck erfüllt.

Manchmal sind die Pferde aber auch so schief, dass sich die Dehnung an dieser Stelle auch noch nicht erreichen lässt. Dann müssen sie zunächst das Führen im Schulter herein und im Kruppe herein lernen (siehe S. 65), damit dann in der Reaktion auf diese Anforderungen die Dehnungshaltung erreicht werden kann.

Führen mit dem äußeren Zügel – Schulter herein

Hat das Pferd das Führen in Halsstellung verstanden, nimmt der Ausbilder den äußeren Zügel mit dazu. Dieser führt das Pferd mit der Vorhand in Richtung des zweiten Hufschlages, während der innere Zügel die Stellung erhält. Anfangs ist es noch gleichgültig, ob der äußere Zügel nur bis zur Trabstellung (Schulter vor) durchkommt oder ein Schulter herein auf drei oder vier Hufschlägen erreicht werden kann.

Nach jeder auch noch so kurzen Phase von Schulter herein muss zur Dehnungshaltung übergegangen werden. Dabei gibt

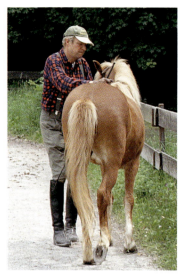

Führen im Kruppe herein

zuerst der äußere Zügel deutlich nach, dann allmählich der innere – genau wie beim Führen in Halsstellung. Der Führer sollte sich im Klaren sein, dass der innere Zügel das Pferd im Körper biegt (siehe Hilfen, Seite 28). Er gibt Paraden, die nicht unbedingt rhythmisch sein müssen, wichtiger ist, dass dem langsamen Annehmen ein schnelles Nachgeben folgt, damit sich das Pferd nicht auf das Gebiss lehnt, sondern sich von diesem löst.

Die Position des Führers ist so weit hinten wie möglich (eher noch etwas hinter der Sattellage), weil er mit seinem Körper eine seitliche Begrenzung für die Hinterhand darstellen kann. Allerdings tendieren manche Pferde dann zum Weglaufen, sodass sich der Führer erst allmählich weiter nach hinten »stehlen« kann.

Im Schulter herein wird das Pferd zunächst geradeaus, dann durch die Ecken und auf dem Zirkel geführt. Die Übung wird auf beiden Händen gemacht.

Stellen und Wenden mit dem inneren Zügel – Konter-Schulter herein

Der Vollständigkeit halber sei hier das Führen in Konterstellung angefügt: Hat das Pferd das Führen im Schulter herein verstanden, wechselt der Führer in die Gegenübung – das Konter-Schulter herein. Auf der Geraden ändert sich für das Pferd zunächst

nur, dass die Bande plötzlich auf der anderen Seite ist. In der Ecke und auf dem Zirkel übernimmt dann aber der innere Zügel das Stellen und das Wenden. In der Regel übt man dies vom Boden nur, wenn das Pferd unter dem Sattel Schwierigkeiten mit dem Verständnis der Hilfen hat.

Führen im Kruppe herein (Travers)

Am besten gelingt das Kruppe herein vom Boden aus, wenn das Pferd zuvor an der kurzen Seite und durch die Ecke der Bahn im Schulter herein geführt worden ist (s. auch Zeichnung S. 83). Bei Erreichen der Bande der langen Seite leitet der Führer das Kruppe herein ein, indem er sich gegen die Bewegungsrichtung dreht und damit rückwärts läuft. Gleichzeitig fasst er den inneren Zügel ganz kurz – etwa zehn Zentimeter nach dem Trensenring. Auf Höhe der Schulter (mit einer Tendenz in Richtung Hals und Kopf) rückwärts gehend, nimmt er das Pferd am inneren Zügel auf und wird dabei deutlich langsamer. Der äußere Zügel kommt erst allmählich hinzu. In der äußeren Hand wird die Gerte gehalten. Weil die halben Paraden innen die Schulter des Pferdes nach außen in Richtung Bande verschieben und der Körper des Führers durch seine Position diese Tendenz verstärkt, kommt das Pferd mit der Kruppe in die Bahn herein – geht Kruppe herein.

Bis die Pferde diese Übung verstanden haben, deuten sie den Positionswechsel und die Paraden des Führers auch manchmal, als sollten sie stehen bleiben oder rückwärts gehen. Um diesem Missverständnis vorzubeugen, sollte anfangs ein Helfer hinter dem Pferd hergehen und, falls das Pferd unsicher ist und zögert, für die nötige Vorwärtsbewegung sorgen. Diese Übung muss sehr sicher sitzen, ehe sie auf dem Zirkel ohne Bande ausgeführt werden kann. Auch wenn ein Pferd bis dahin alle Führlektionen mühelos verstanden und schnell gelernt hat, braucht es jetzt Geduld und viele Wiederholungen, bis die Aufgabe so sitzt, dass das Pferd auch ohne Begrenzung mit der Schulter nicht einfach von der Zirkellinie ausweicht.

▶ Handpferdereiten

Als Abwechslung und zum Konditionsaufbau eignet sich das Handpferdereiten. Das Pferd kann sich freier bewegen und wird in der Rückentätigkeit gestärkt. Das ist besonders gut für Pferde mit Trabproblemen. Viele Islandpferde hören nämlich in der Anreitphase auf zu traben, weil ihnen der Hub des Reiters im Rücken unangenehm ist (siehe Leichttraben, Seite 36).

Beim Handpferdereiten lernen junge Pferde, im Trab gleichmäßig neben einem anderen Pferd herzugehen. Das Handpferdereiten erlaubt zudem ein gezieltes Training der engen und der weiten Seite, ohne störendes Reitergewicht. Dazu lässt man das Handpferd einfach entweder auf der linken oder auf der rechten Seite des Reitpferdes gehen und wechselt die Seite auch immer wieder. Zum Handpferdereiten braucht man ein gutes, sicheres Reitpferd, das sich mit einer Hand lenken lässt. Das Handpferd trägt ein Stallhalfter, bei Bedarf mit Kette, oder einen Kappzaum. Anfangs reitet ein zweiter Reiter hinterher, der aufpasst, dass das Handpferd nicht stehen bleibt. Der Handpferdeführer sollte eine Gerte dabeihaben, mit der er dem Handpferd den Weg weisen oder es vorwärts treiben kann.

Das Handpferd sollte immer wieder von einer Seite auf die andere gewechselt werden, da es sich meistens leicht zum Reitpferd stellt. Damit haben unsicher trabende Pferde am Anfang Mühe. Sie müssen deswegen zuerst mit der engen Seite zum Reitpferd laufen dürfen, um beim Antraben mit der Bewegung über die Schulter der weiten Seite den Trab zu finden. Erst wenn die Pferde auf ihrer Schokoladenseite sicher traben, kann man die »Hand« wechseln und sie auf der anderen Seite des Handpferdes laufen lassen.

Macht Spaß, entspannt und gibt gleichzeitig Kraft: das Handpferdereiten.

Wenn das Pferd die Dehnungshaltung verstanden und die Anlehnung gefunden hat, bleibt es auch beim Schnellerwerden an den Hilfen – auch wenn die Anlehnung kurzzeitig aufgegeben werden muss. Jetzt kann der Reiter beginnen, mit Tempounterschieden die Hinterhand vermehrt zum Tragen zu bringen und damit eine reelle Aufrichtung zu erreichen.

▶ Anreiten und Tempounterschiede

Das Loslaufen und spätere Anreiten verändert sich mit dem Ausbildungsstand des Pferdes erheblich: In der Bodenarbeit hat das Losgehen auf Befehl erzieherische Funktion. Das Pferd lernt mittels deutlicher Körpersprache loszulaufen – es wird beim Freilaufen vom Treiber weggescheucht. Auch vom Sattel aus lernt das Pferd zunächst, auf das deutliche Signal des Reiters unmittelbar loszulaufen. Ganz gleich, ob das Signal zum Schnellerwerden mit Stimme, Gerte oder Schenkel kommt, muss das Pferd auch aus dem Sitz des Reiters ein deutliches Signal bekommen. Dieses sollte mit Rücksicht auf eine erwünschte Rückentätigkeit so aussehen: Schnellerwerden heißt entlastend sitzen.

Sitzt diese Kombination aus Treiben des Reiters und Reaktion des Pferdes, werden die Hilfen immer feiner dosiert – das Pferd lernt zu unterscheiden, ob es im Schritt, im Trab, im Tölt oder im Galopp loslaufen soll. Es kann in einem späteren Stadium sogar mit einseitigen Hilfen gezielt beim Anreiten geformt werden bis hin zum Angaloppieren aus dem Stand, bei dem der Reiter nur noch den äußeren Schenkel kaum sichtbar zurücknimmt, mit dem inneren Schenkel den Impuls zum Untertreten gibt und den inneren Gesäßknochen entsprechend belastet. Schenkel und Gerte wirken immer auf das gleichseitige Hinterbein.

Ganz wichtig: Zeit lassen!

Ein Hinweis: Später, wenn die Rittigkeit größer ist, wird das Pferd je nach Schiefe beim Verkürzen in Richtung Schulter herein oder in Richtung Travers versammelt. Damit belastet der Reiter verstärkt die innere Hinterhand des Pferdes, gymnastiziert diese.

Beim Zulegen entscheidet sich der Reiter wiederum, ob er mit Schulter herein- oder Travers-Stellung schneller werden will. Dabei muss er aber entlastend sitzen und zulassen, dass das Pferd seinen Rahmen erweitert: es soll sich ins Tempo hinein strecken dürfen. Ganz wichtig für diese Feinabstimmung ist, dass man sich selbst und dem Pferd Zeit lässt. Deshalb sollte der Reiter anfangs nicht auf exakte Übergänge pochen und vor allem beim Zurücknehmen nicht zu streng sein, denn damit riskiert er, dass das Pferd die Lust am Laufen verliert.

Beim Tempoverstärken ist es hilfreich, wenn das Pferd aus dem Schulter herein ins Renvers oder aus dem Konter Schulter herein ins Kruppe herein umgestellt werden kann. Mit der hier dargestellten Übungsreihe kann der Reiter die linke Hinterhand vermehrt zum Untertreten veranlassen.

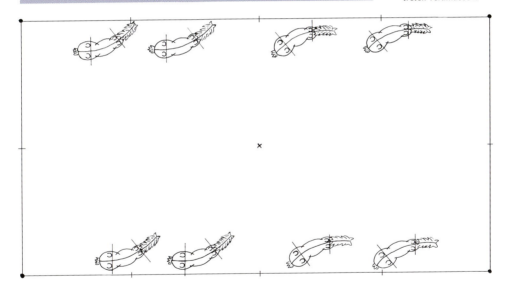

Nach dem gleichen Prinzip verfährt der Reiter bei den Tempounterschieden. Auch hier werden die Signale für das Verstärken immer feiner, bis das Pferd mit kaum sichtbaren Hilfen in jedem Gang zum vermehrten Untertreten, zu mehr Raumgriff und Tempo veranlasst werden kann. Der Reiter sitzt mit entlastender Tendenz, bis eine korrekte Anlehnung erreicht ist.

▶ Paraden und Rückwärtsrichten

Auch die Paraden beginnen mit erzieherischen Maßnahmen und deutlichen Signalen. Anfangs, in der Bodenarbeit und beim Longieren, tritt der Führer selbstbewusst vor das Pferd, hebt mitunter sogar die Hand.

Unter dem Sattel lernt das Pferd das Halten gegen die Bande und später das Halten mit unmittelbar anschließendem Rückwärtsgehen. In der Einreit-Phase wird das Pferd mit dem Zügel, der der Bande zugewandt ist, im Hals so weit abgestellt, dass es stehen bleiben muss. Daraus entwickelt sich auch das Wenden zur Bande, indem das Pferd mit dem äußeren Zügel quasi gegen die Bande gewendet und sobald es in die Gegenrichtung guckt wieder vorwärts getrieben wird. Dabei kann in beiden Fällen die Gerte außen nach vorne vor den Kopf gezeigt und damit die Einwirkung des äußeren Zügels unterstützt werden. Diese Übungen sind ausführlich beschrieben in unserem ebenfalls im Kosmos-Verlag erschienenen Buch »Reiten auf Islandpferden«.

Korrekte halbe und ganze Paraden und ebenso das Rückwärtsrichten kann das Pferd erst ausführen, wenn die Phase der Anlehnung erreicht ist. Erst dann kann es nämlich den Rücken genügend aufwölben und mit der Hinterhand untertreten, um Gewicht zu übernehmen. Erst dann sind Paraden mehr als nur Gehorsamsübungen. Paraden und Rückwärtsrichten sollten deshalb anfangs vom Reiter mit eher entlastendem Gewicht (Schen-

Wenn er die Dehnungs-
haltung verstanden hat
und tief genug ist, kann
auch der Rennpasser auf
gebogenen Linien taktklar
und harmonisch tölten.

kel zurück, Oberkörper vor) geritten werden – so lange, bis das
Pferd den Rücken aufwölbt und die Hinterhand zu tragen beginnt. Sind die Losgelassenheit und die Anlehnung sicher be-
gründet, kann zunächst der Schenkel und später allein der Gesäßknochen das Pferd an die durchhaltende Hand herantreiben.

WICHTIG Es ist von Grund auf falsch, das Untertreten der
Hinterhand mit der Gerte zu erzwingen, ohne dass das Pferd den
Rücken dabei aufwölbt. Solange die Bauchmuskulatur nicht aktiv und die Rückenmuskulatur nicht gedehnt ist (Dehnungshaltung), kann das Pferd die Hinterbeine nicht unter den Schwerpunkt setzen. Weil viele Reiter das nicht wissen und in der Parade
einfach Druck machen, bringen sie ihre Pferde in Schwierigkeiten. Manche schlagen dann aus Verzweiflung mit dem Schweif
oder sogar mit der Hinterhand nach der Gerte.

▶ Reiten von Wendungen

Die meisten rohen Pferde laufen mit Außenstellung, um harmonisch durch eine Wendung zu kommen. Deshalb werden junge
Pferde anfangs mehr geradeaus geritten, später in großen Wendungen, bei denen der Reiter eine leichte Außenstellung zulässt.
Anfangs sollte der Reiter sein Gewicht in der Wendung gezielt außen halten, um die Kontrolle über das äußere Hinterbein zu ge-
winnen. Dieses Hinterbein nimmt das Pferd nämlich nicht von
selbst unter den Schwerpunkt. Es geht meist außerhalb der Spur.

Vom Boden aus und unter dem Sattel: Zunächst lernt das Pferd das Stellen im Stand, auch Flexen genannt.

Erst allmählich, wenn das Pferd in einer Schulter vor-Stellung gehen kann, also gelernt hat, den Rücken inwendig zu entspannen und damit dort tief zu werden, kann der Reiter Schenkel und Gewicht in den korrekten Drehsitz nach innen formen.

Grundsätzlich gilt: Je breiter ein Pferd hinten geht und je rückständiger die Hinterhand ist, desto mehr Mühe hat es in den Wendungen. Bei rückständigen Pferden ist nämlich die Stütze (Hinterhand) zu weit hinten. Sie haben folglich Probleme, unter den Schwerpunkt zu kommen. Außerdem muss das Pferd in Wendungen die innere Hüfte mehr senken als die äußere, damit es um die Kurve kommt. Das ist für Pferde, die hinten breit gehen, eine Höchstanforderung, denn sie müssen die Hanken enorm beugen.

Besonders Fünfgänger müssen über eine gründliche und schonende Gymnastizierung lernen, ihre Hinterbeine richtig zu setzen. Dies funktioniert vor allem über die Arbeit in den Seitengängen. Grundsätzlich sollte das Pferd auf der engen Seite in der Wendung eher in Schulter herein-Stellung geritten werden, auf der weiten Seite eher in Kruppe herein. Dies gilt so lange, bis auf beiden Händen die Anlehnung an den äußeren Zügel erreicht ist.

Eine Wendung ist dann erfolgreich, wenn das Pferd sich harmonisch in der ganzen Längsachse biegt. Im Reiten auf gebogenen Linien beginnt die Versammlung, aber nur, wenn das Pferd die innere Muskulatur verkürzt und die äußere dehnt. Dies ist wiederum die Voraussetzung dafür, dass das Pferd an den äußeren Hilfen steht und der innere Zügel übergestrichen werden kann, ohne dass das Pferd die Stellung und Biegung verlässt. Dabei muss der Reiter sich darüber im Klaren sein, dass sich das Pferd zu Beginn der Ausbildung nur in gedehnter Haltung biegen kann. Und auch später, in korrekter Aufrichtung, kann sich ein Pferd in hoher Haltung nur minimal biegen.

Wird eine Biegung mit Gewalt erzwungen, ist die Gefahr relativ groß, dass das Pferd körperlichen Schaden nimmt. Die Wendungen dürfen deshalb nicht zu früh beginnen. Das Pferd sollte mindestens so weit ausgebildet sein, dass beim Geradeausgehen eine Schulter vor-Stellung – im Galopp eine Kruppe herein-Stellung – erreicht werden kann. Beides ist übrigens kein Hexenwerk sondern zum Beispiel schlicht die Voraussetzung für ein korrektes Angaloppieren oder das Verhindern einer Galopprolle.

▸ Stellen – Halsstellung

Beim Stellen im Hals in beide Richtungen holt der Reiter mit dem inneren Zügel das Pferd quasi auf der Halshöhe ab, auf der es sich befindet, und lässt es anschließend in die Tiefe strecken, sobald eine Kaubewegung entsteht.

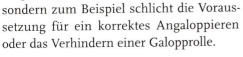

Später lassen sich die Pferde auch im Tölt auf der geraden Linie mühelos in Stellung reiten. Jetzt hat der Reiter die Chance, sie sinnvoll zu gymnastizieren.

Dabei stellt der Reiter das Pferd zunächst im Stand, später im Schritt, Trab, Tölt, Galopp und sogar im Pass zur Seite.

Diese – auf den ersten Blick einfache – Übung hat deshalb große Wirkung, weil das Pferd sich aufgrund seiner körperlichen Voraussetzungen in einer hohen Haltung nicht biegen kann. Deshalb ist es ihm unangenehm, wenn es Kopf und Hals in hoher Haltung seitwärts nehmen soll. Und es merkt schnell, dass diese

▶ Warum Stellen üben?

Nicht nur für das Pferd ist das Stellen eine wichtige Übung. Auch dem Reiter eröffnet diese Lektion neue Erfahrungen, wenn er spürt, wie sich das Pferd mit dem inneren Zügel führen lässt, ohne dass es nach innen läuft. Er darf dabei nicht einfach nur den inneren Zügel annehmen, sondern muss Hals und Kopf zwar in die Stellung hereinführen, sich dann aber vom inneren Zügel immer wieder lösen, eventuell sogar durch plötzliches Nachgeben. Ganz wichtig (und am Anfang ganz schwierig): **Der äußere Zügel wirkt nicht ein.** Er könnte theoretisch ausgeschnallt werden. Der Reiter muss bei dieser Übung auch wissen, dass sich sein Pferd durch diese Art von Stellen im Gang nur in sehr begrenztem Maß verändern lässt. Das Pferd lernt bei dieser Übung trotzdem etwas Wichtiges: es lernt über die äußere Schulter wegzugehen und sich nach vorwärts-abwärts zu dehnen.

Anforderung in tieferer Haltung viel angenehmer auszuführen ist. Der Reiter sollte sich darüber im Klaren sein, dass die Halsstellung bei zu hoher Aufrichtung für das Pferd schmerzhaft ist. Wird das Pferd mit Gewalt seitwärts gezogen, kann es sogar Schaden nehmen.

Wie tief das Pferd sich in Kopf und Hals fallen lassen muss, um schmerzfrei seitwärts zu gucken, zeigt der »Leckerli-Test«, bei dem der Reiter seinem Pferd vom Sattel aus etwas Futter anbietet und gut beobachten kann, wie es sich von alleine in die richtige Position bringt, um die Leckerei schließlich zu erreichen.

Klar muss sein: Die Stellung ist kein Selbstzweck. Sie ist, wie in der Bodenarbeit, nur eine Aufforderung an das Pferd, sich wieder zu strecken. In den Gängen sollte der Reiter dabei den äußeren Schenkel sozusagen in Hab-Acht-Stellung hinter dem Gurt positionieren. Er muss dort aktiv werden, also treiben, wenn auf das Annehmen des inneren Zügels einfach nur die Hinterhand seitwärts nach außen tritt, oder wenn das Pferd auf den stellenden Zügel einfach nur den Hals zur Seite nimmt, ohne zu kauen.

In die Stellung hinein arbeitet der Reiter sein Pferd auf beiden Händen und in allen Gängen. Grundsätzlich gilt aber: Was das Pferd im Schritt nicht kann, geht in den anderen Gängen erst recht nicht. Das heißt: wenn es nicht funktioniert, lieber noch einen Ausbildungsschritt zurückgehen. Das heißt auch: Im Trab und Tölt nur das fordern, was Pferd (und Reiter) im Schritt beherrschen.

Die lateralen Hilfen lernt das Pferd zunächst vom Boden aus kennen: Auf die Einwirkung mit der Gerte darf und soll es ohne Stress seitwärts treten. Immer wieder wird das Pferd dabei mit der Gerte abgestrichen (drittes Bild), damit es das Vertrauen behält und vor allem auch nicht schon automatisch, also ohne bewusstes Antippen, zur Seite geht.

▶ Laterale Hilfen

Die lateralen Hilfen braucht der Reiter, um seinem Pferd zunächst vom Boden und später vom Sattel aus das Weichen beizubringen. Das Pferd lernt auf die Einwirkung des Schenkels hin, mit der Kruppe (der Hinterhand) seitwärts zu gehen. Und das Pferd lernt, auf die Zügeleinwirkung hin, mit der Schulter seitwärts zu gehen. Anfangs kann dies mit der Gerte an Schulter oder Hals zusätzlich unterstützt werden. Steife Pferde können mit dieser Einwirkung gelockert werden, vor allem deshalb, weil sie zunächst über die Schulter weglaufen dürfen und nicht eingeengt werden.

Der Reiter positioniert anfangs sein Gewicht bei den lateralen Hilfen oftmals vom seitwärts treibenden Schenkel weg nach außen, weil die Pferde noch so fest sind im Rücken, dass sie innen nicht sitzen lassen. Wenn das Pferd das verstanden hat, dass es als Folge der Einwirkung über die äußere Schulter ausweichen darf, werden die lateralen Hilfen in der weiteren Ausbildung nur noch ausnahmsweise verwendet. Es kann immer wieder vorkommen, dass man in Wendungen und Seitengängen einseitig einwirken muss, und zwar meistens auf der engen Seite. Allerdings muss der Reiter dabei wissen, dass das Pferd diagonal veranlagt ist. Wenn man von der »diagonalen Veranlagung« des Pferdes spricht, hat das nichts zu tun mit dem Talent zum diagonalen oder lateralen Gang (Pass) zu tun.

Am Übergang von den lateralen zu den diagonalen Hilfen steht das Schenkelweichen.

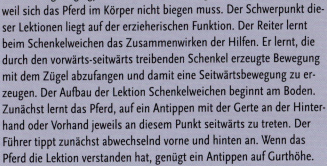

Ein Wort zu Vorhandwendung und Schenkelweichen

Schenkelweichen und Vorhandwendung
haben nur geringe gymnastizierende Wirkung,
weil sich das Pferd im Körper nicht biegen muss. Der Schwerpunkt dieser Lektionen liegt auf der erzieherischen Funktion. Der Reiter lernt beim Schenkelweichen das Zusammenwirken der Hilfen. Er lernt, die durch den vorwärts-seitwärts treibenden Schenkel erzeugte Bewegung mit dem Zügel abzufangen und damit eine Seitwärtsbewegung zu erzeugen. Der Aufbau der Lektion Schenkelweichen beginnt am Boden. Zunächst lernt das Pferd, auf ein Antippen mit der Gerte an der Hinterhand oder Vorhand jeweils an diesem Punkt seitwärts zu treten. Der Führer tippt zunächst abwechselnd vorne und hinten an. Wenn das Pferd die Lektion verstanden hat, genügt ein Antippen auf Gurthöhe.

Unter dem Sattel lernt das Pferd aus dem Schritt und mit leichter Genickstellung auf den inneren Schenkel vorwärts und seitwärts vom treibenden Schenkel weg zu treten. Der Reiter hat den Drehsitz eingenommen und fängt die mit dem Schenkeldruck erzeugte Bewegung zunächst mit beiden Zügeln ab – später nur noch am äußeren Zügel – woraus sich das Übertreten ergibt. Das Pferd tritt mit den inneren Beinen über die äußeren, es bewegt sich vom Reitergewicht weg: Schenkelweichen ist also lösend.

Schenkelweichen übt man am besten auf dem Zirkel, wobei die Hinterhand einen größeren Kreisbogen beschreibt als die Vorhand. Das fällt dem Pferd leichter als auf der geraden Linie.
Später wird Schenkelweichen an der Bande geübt, wobei die Hinterhand auf dem Hufschlag geht, die Vorhand in die Bahn gestellt ist. Erst dann geht man über zu den Diagonalverschiebungen auf der Wechsellinie (vom Mittelpunkt der Bahn bis zur Bande)

Die Vorhandwendung ähnelt in Hilfengebung und Wirkung sehr dem Schenkelweichen. Sie beginnt aus dem Stand, die Hinterhand wird mit dem inneren Schenkel um die Vorhand herum getrieben, mit beiden Zügeln wird ein Vorwärtstreten verhindert. Das Pferd hat eine leichte Genickstellung entgegen der Bewegungsrichtung, der Reiter sitzt im Drehsitz. Die Vorhandwendung übt man zunächst an der Bande (bei hoher Bande auf dem zweiten Hufschlag) und später an jedem Punkt in der Bahn.

Schulter herein
im Schritt

Diagonale Veranlagung besagt vielmehr, dass beim Pferd alle Reaktionen von hinten links nach vorne rechts gehen oder umgekehrt von hinten rechts nach vorne links.

▶ Diagonale Hilfen

Deshalb sind in der Ausbildung die diagonalen Hilfen besonders wichtig: Ein Pferd, das wissen nicht nur Reiter, sondern auch Therapeuten, ist diagonal veranlagt. Das heißt: beim Treiben mit dem linken Schenkel, der die linke Hinterhand zum Vortreten veranlasst, geht die Wirkung in Richtung der rechten Vorhandseite und muss deshalb mit dem rechten Zügel abgefangen werden und umgekehrt.

Kein Problem, mögen viele denken und folgende Schwierigkeit erst erkennen, wenn sie die Theorie in die Praxis umsetzen: Der Mensch »marschiert« nämlich ebenfalls diagonal – das heißt, mit dem linken Bein schwingt der rechte Arm nach vorne und gleichzeitig der linke Arm zurück. Solange er nicht bewusst umdenkt, würde der Mensch also, wenn er mit dem linken Bein aktiv ist, den rechten Arm nach vorne geben und den linken zurück – also genau am falschen Zügel die Parade setzen.

Im Gegensatz zu den lateralen Hilfen, die ein Fliehen des Pferdes tolerieren, begrenzen die diagonalen Hilfen das Pferd in seiner Längsrichtung. Vorhand und Hinterhand erhalten genaue Kommandos, wo sie hintreten sollen. Dabei dirigiert – unabhängig von der Stellung – der linke Zügel die linke Vorhand, der rechte Schenkel die rechte Hinterhand – und umgekehrt. Stellung und Biegung in jede Richtung werden möglich, wobei sich das Pferd anschließend immer wieder nach vorwärts-abwärts dehnen darf und soll(!).

Wenn der Reiter diagonal einwirkt, muss er versuchen, das Gewicht auf die innere, hohle Seite zu bringen, um eine korrekte Längsbiegung zu erreichen. Im Prinzip muss er sich vorstellen, mit dem inneren Gesäßknochen die innere Rückenmuskulatur tief zu halten, um eine Annäherung der beiden inneren Pferdebeine zu erreichen. Im perfekten Fall wäre die Einwirkung mit dem inneren Gesäßknochen die alleinige Hilfe, um das Pferd zu biegen.

Wichtig ist für diese Einwirkung mit dem Gesäßknochen, dass das Pferd im Tölt sitzen lässt – das heißt taktklar oder leicht trabartig geht. Solange die Pferde passartig tölten, lassen sie nicht sitzen, der Reiter kommt nicht in die Bewegung hinein, sondern ist (zu Recht) versucht, mit rundem Rücken und vorgestreckten Beinen von der Bewegung wegzusitzen. Ganz falsch wäre der Versuch, in den Pass hineinzusitzen, denn damit würde das Pferd sich immer mehr verspannen.

Schulter vor im Schritt

▶ Schulter herein

Schulter herein geht ein Pferd, wenn es auf drei Hufschlägen geradeaus oder auf gebogenen Linien geht. Dabei wird das Pferd mit einer Längsbiegung im Körper geritten: der äußere Zügel führt die Vorhand so weit nach innen, bis die äußere Vorhand und die innere Hinterhand auf einer Linie fußen. Idealerweise lernt das Pferd diese Übung zunächst in der Bodenarbeit (siehe Baustein Führen auf Seite 60). Wenn Schulter herein geritten wird, sitzt der Reiter im Drehsitz und treibt das Pferd mit dem inneren Schenkel an den äußeren Zügel.

Beim Schulter herein kreuzt die Vorhand von innen nach außen – deshalb wirkt diese Lektion geradeaus geritten nicht versammelnd. Erst auf der gebogenen Linie wird beim Schulter herein das innere Hinterbein vermehrt gebeugt und damit eine Tendenz in Richtung Versammlung erreicht. Mit Schulter herein lässt sich ein Pferd allerdings sehr gut lösen – und das ist zwingend notwendig, ehe es versammelt werden kann.

Schulter herein im Tölt

Schulter herein wird auch Trabstellung genannt, weil dem Pferd mit dieser Stellung das Angaloppieren erschwert wird.

Beste Voraussetzung für ein gelungenes Schulter herein ist, wenn Reiter und Pferd die Übung bereits vom Boden aus beherrschen.

Schulter herein wird zuerst auf der Geraden geritten. Aus der Ecke kommend, versucht der Reiter, die Biegung auch an der langen Seite zu erhalten. Zur Einleitung der Übung kann man auch eine Volte in der Ecke reiten und so zunächst darauf verzichten, die Vorhand mit dem äußeren Zügel ins Bahninnere zu führen. Im Übergang von der Wendung zum Schulter herein ist es hilfreich, das Gewicht für einen Augenblick in die Bewegungsrichtung zu verlagern. Doch muss sichergestellt werden, dass das Pferd dabei nicht umbiegt (Stellung wechselt). Anfangs ist es nämlich schon schwer genug, das Pferd mit dem äußeren Zügel in der Biegung zu halten, wenn die Abstellung von der Bande schon da ist.

In der Hilfengebung zum Schulter herein überwiegen der innere Schenkel und der äußere Zügel, der das Treiben immer wieder taktmäßig auffängt. Der innere Zügel erhält die Stellung. Solange Schulter herein auf erstem und zweitem Hufschlag geritten wird, übernimmt die Bande die Arbeit des äußeren Schenkels – später, auf der gebogenen Linie, muss dieser darauf achten, dass die Hinterhand nicht nach außen ausweicht.

Das Wichtigste beim Schulter herein ist nicht die Abstellung, sondern die Biegung des Pferdes. Ob das Pferd gebogen ist, spürt

Ein Wort zu den Seitengängen

Der Sinn der Seitengänge ist es, dem Pferd zu einer besseren Balance zu verhelfen. Der Reiter muss sich Zeit nehmen, wenn er diese Lektionen beginnt, denn sie kosten das Pferd viel Kraft. An einem einfachen Beispiel kann man es selbst ausprobieren: Eine Runde zu Fuß um die Ovalbahn zu laufen, ist wenig anstrengend. Wenn dabei aber Schritt für Schritt das rechte Bein über das linke gesetzt werden muss, ist das schon viel anstrengender. Der Reiter sollte sich also Gedanken darüber machen, welche Übung seinem Pferd schwer und welche ihm eher leicht fällt. Und er sollte die Lektionen immer wieder abwechseln, um die Muskulatur seines Pferdes sinnvoll aufzubauen.

der Reiter daran, dass es ihn innen sitzen lässt, weil sich die innere Rückenmuskulatur tiefer anfühlt als die äußere. Deshalb reitet man die Übung zunächst auch mit weniger Abstellung (Schulter vor). Wenn man zu viel Abstellung hat, kreuzt die Hinterhand ebenso wie die Vorhand. Das Pferd geht Schenkelweichen und ist dabei im Körper gerade, der gymastizierende Effekt fehlt.

Beherrschen Pferd und Reiter das Schulter herein geradeaus, wird die Lektion in einer zweiten Stufe auf der gebogenen Linie geübt. Später kann der Reiter im Schulter herein bleibend aus dem Zirkel wechseln und so zum »Konter-Schulter herein« kommen. Dabei muss die Hinterhand einen kleineren Kreis beschreiben als die Vorhand – der gymnastizierende Effekt ist ungleich größer, weil das innere Vorderbein stärker übertreten muss.

WICHTIG Schulter vor, Schulter herein oder Konter-Schulter herein sind nicht Selbstzweck. Es geht nicht darum, dass das

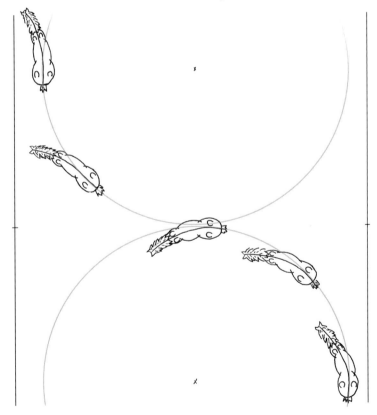

Wie man im Schulter herein aus dem Zirkel und damit ins Konter Schulter herein wechselt, ohne die Stellung zu ändern.

Pferd diese Lektionen wie »Kunststückchen« beherrscht. Sie dienen vielmehr dazu, das Pferd immer wieder über anfangs kürzere oder längere Strecken zusammenzustellen und zum Treiben zu kommen, um es dann später wieder vorwärtsabwärts dehnen zu lassen. Denn nur wenn das Pferd gelernt hat, seine Oberlinie zu dehnen, kann es später in Richtung Versammlung geritten werden.

Schulter vor, Schulter herein und Konter-Schulter herein kann der Reiter auch im Gelände oder auf der Ovalbahn üben, wenn sein Pferd die Lektionen im Dressurviereck erst einmal verstanden hat. Dazu nutzt man die Wegränder wie eine Bande, so dass auch ein »Handwechsel« möglich ist (siehe Seite 93).

Kruppe herein im Schritt – vielleicht nicht kinderleicht, aber auch kein Hexenwerk.

Ganz gelassen: Kruppe herein im Schritt

▶ **Kruppe herein**

Auch diese gymnastizierende Lektion sollte das Pferd zunächst an der Hand lernen (siehe Baustein Bodenarbeit, Seite 65). Vom Sattel lässt sich Kruppe herein am sichersten und besten anschließen, wenn das Pferd das Konter-Schulter herein auf dem Zirkel beherrscht.

Kruppe herein beginnt man anfangs nach dem Durchreiten der Ecke. Wenn die Vorhand die Bande der langen Seite erreicht hat, nimmt der Reiter das Pferd mit halben Paraden an beiden Zügeln auf und treibt es mit dem äußeren Schenkel seitwärts. Das Pferd bewegt sich mit der Hinterhand in Richtung auf den zweiten Hufschlag vorwärtsseitwärts, die Vorhand geht annähernd geradeaus.

Der Reiter bleibt im Drehsitz. Die inneren Hilfen sorgen für das Biegen in der Längsachse (Schenkel, Gesäßknochen, Zügel), wobei der innere Schenkel zudem noch die Vorwärtsbewegung erhält. Der äußere Schenkel sorgt für das Seitwärtstreten der Hinterhand, der äußere Zügel bestimmt die Haltung.

Wenn die Pferde die Lektion einmal verstanden haben, ist Kruppe herein auch im Tölt nicht schwer zu reiten.

Anfangs geht ein Helfer hinter dem Pferd her, damit es die ungewohnte Einwirkung nicht als Signal zum Stehenbleiben deutet.

Über die Kruppe herein-Stellung kann sich der Reiter eine Tendenz zum Galopp holen – was besonders bei Pferden wirkungsvoll ist, die zum Pass steif sind. Kruppe herein wird auch Galoppstellung genannt, weil aus dieser Stellung heraus die sicherste Möglichkeit zum Angaloppieren besteht.

Auch bei dieser Übung ist nicht der Grad der Abstellung der Hinterhand entscheidend, sondern der Grad der Biegung im Körper. Weil das Pferd durch die Biegung die innere Hinterhand vermehrt beugen muss, beginnt mit dieser Lektion die Versammlung des Pferdes. Und weil das Pferd mit dem äußeren Hinterbein über das innere Hinterbein treten muss, entsteht der Grad der Versammlung auch auf der geraden Linie. Kruppe

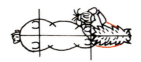

herein am Wegrand geritten, ist deshalb auch eine Möglichkeit, wie ein Pferd beim Ausritt im Gelände in Richtung Versammlung gearbeitet werden kann (siehe Seite 93).

Auch Kruppe herein wird in einer zweiten Stufe auf dem Zirkel geritten und schließlich – ohne die Stellung zu wechseln – als Konter-Kruppe herein oder Renvers aus dem Zirkel wechselnd. Beim Renvers auf dem Zirkel stellt und wendet der innere Zügel das Pferd, die Hinterhand hat auf dem Kreisbogen einen weiteren Weg als die Vorhand.

▶ Berg hinunterreiten

Wie bei den Gebäude-Besonderheiten beschrieben, haben viele, vor allem fünfgängige Islandpferde eine rückständige Hinterhand. Dies macht es ihnen nicht leicht, die Hinterbeine zum Tragen unter den Körper zu stellen. Wenn der Reiter nun sein Pferd so weit unter Kontrolle hat, dass es ihm nicht mehr wegläuft – das heißt wenn es beim Tölten auf abschüssigem Weg im Tempo reguliert

Im Töltreiten den Berg hinunter kann das Pferd die Versammlung lernen.

werden kann und nicht mehr schneller wird – kann er beim Berg-hinunterreiten ein erstes stärkeres Beugen der Hinterhand er-reicht und trainiert werden. Denn der veränderte (sprich ver-kürzte) Winkel zum schrägen Boden zwingt das Pferd automatisch, sich dem Geläuf anzupassen und sich mehr zu »set-zen«. Dies wäre im Prinzip auch eine ganz gute Hilfe zum Renn-passreiten, wenn der Reiter sein Pferd im höchsten Tempo noch kontrollieren könnte, sprich ein Weglaufen verhindern könnte.

Den Berg hinunter zu tölten, ist die beste Gelegenheit, um dem Pferd das Untertreten der Hinterhand zu erleichtern.

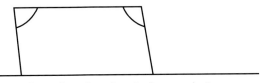

So kann man sich die »Konstruktion« des rückständigen Fünfgängers oder Rennpassers auf einem ebenen Boden vorstellen.

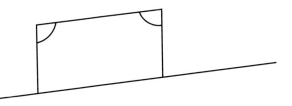

Stellt man dieses »Pferd« nun auf eine abschüssige Linie, muss es die Beine anders win-keln, um das Gleichgewicht zu behalten. Vereinfacht ist dies der Effekt des Bergabreitens.

Doch das ist sehr, sehr selten der Fall. Schon wenn sie berghinuntergaloppieren wollen, spüren viele Reiter sehr schnell, wie ihnen die Kontrolle über Form und Tempo des Pferdes entgleitet.

Bergauf hingegen lässt sich das Pferd zwar kontrollieren und auch leicht galoppieren. Doch die weiter weg gestellte Hinterhand schiebt zumindest anfangs nicht gleichmäßig, so dass viele Pferde bergauf kaum gleichmäßig traben und schon gar nicht tölten können, sondern immer wieder einseitig stark zum Galopp tendieren. Diese Galopprollen sind für passartig gehende Pferde ein erster Schritt in Richtung klarer Tölt. Deshalb versucht der geschickte Reiter, die Rolle auf beiden Händen zu provozieren und nicht sie wegzureiten (siehe auch Galopprolle, Seite 122).

▶ Spiel der Gangarten und Temporeiten

Das Temporeiten und das Spiel mit den Gangarten bringt das Pferd ins Gleichgewicht. Dazu muss man grundsätzlich wissen: wenn ein Pferd immer passiger wird, kommt es im Rücken immer höher, wird in der Schulter immer tiefer – um dann am Gipfel der Verspannung als letzten Ausweg zu »tribulieren«.

▶ Was ist Tribulieren?

Das Tribulieren oder Wechseln beschreibt folgenden Vorgang: Das Pferd lässt im Bewegungsablauf ein Hinterbein aus, weil es so stark auf der Vorhand ist, dass dort, wo das Hinterbein hintreten sollte, noch das Vorderbein steht. Im Tölt spürt der Reiter, wie sein Pferd immer passiger geht, bis es schließlich ganz beim Zweitakt angekommen ist. Doch damit ist der negative Bewegungsablauf noch nicht zu Ende: das Pferd wird vorne noch tiefer, kann schließlich mit der Vorhand nicht mehr rechtzeitig abfußen und lässt die Hinterhand quasi im Bewegungsablauf aus, weil es sich sonst verletzen würde.

Besonders im Passrennen oder beim schneller Reiten hat dieser letzte Ausweg auch eine psychologische Komponente. Je öfter die Pferde tribulieren müssen, desto mehr Verletzungsangst haben sie. Dieser unnatürliche Angstzustand lässt die Spannung immer größer werden, das Tribulieren kommt immer häufiger und nach immer kürzeren Strecken.

So lange sie nicht gelernt haben, sich ins Tempo zu strecken, werden Viergänger in den Paraden oft extrem trabig und brechen auseinander.

Die Beschreibung des Tribulierens zeigt, dass der Reiter immer in der Lage sein muss, das Pferd in einen positiven Bewegungsablauf zu bringen. Vom positiven Bewegungsablauf spricht man, wenn ein Pferd mit zunehmendem Tempo den Takt hält, leicht trabartig wird oder dem Reiter zumindest das Gefühl vermittelt, er könne es zu jedem Zeitpunkt links oder rechts rollen oder in den Trab herauslaufen lassen.

Im negativen Bewegungsablauf ist ein Pferd, das bei zunehmendem Tempo immer passiger wird – bis hin zur höchsten Form der Verspannung, dem Wechseln oder Tribulieren (siehe Seite 86).

Spürt der Reiter diese Negativ-Tendenz, hat er im Prinzip zwei Möglichkeiten: Er kann langsamer werden, um die Spannung herauszunehmen und wieder zum Treiben zu kommen. Oder er kann mit den Gängen spielen und das Pferd möglichst aus dem Tölt in den Trab laufen oder in den Galopp rollen lassen, ehe es zu verspannt ist. Diese Erkenntnis gilt übrigens auch für den Rennpass – weshalb es durchaus sinnvoll ist, seinem Pferd das lockere Angaloppieren aus dem Pass beizubringen. Richtig angaloppieren kann das Pferd aus dem Pass natürlich nur, wenn der Rücken noch nicht zu weit oben ist, und wenn das Pferd gelernt hat, sich aus dem Pass wieder in den Galopp treiben zu lassen. Das Pferd muss die Galopphilfe kennen. Das bringt man dem Pferd bei, indem man zuerst aus dem Passtölt und später aus dem langsamen Pass das Pferd kurz aufnimmt und es quasi »nach oben« in den Galopp treibt. Der Reiter darf dabei nicht in den Entlastungssitz gehen und sollte eher plötzlich und mit Druck angaloppieren.

Reiter von Viergängern oder Trabtöltern kennen den negativen Bewegungsablauf vor allem vom Gefühl beim Parieren. Beim negativen Bewegungsablauf im Parieren werden die Pferde beim Langsamerwerden immer trabartiger und traben schließlich ganz aus. Statt das Pferd mit gleichmäßiger Anlehnung und Dehnung in die Parade hineinzutreiben, hat dann die Reiterhand das Anhalten dominiert. Der Hals des Pferdes kam nach oben, Rücken

▶ Ein Wort zu Takt und Form

Immer wieder, wenn er neue Lektionen, Gangarten oder Tempi mit seinem Pferd erarbeitet, steht der Reiter vor der Entscheidung, ob er zunächst Wert auf den Takt oder auf die Form legen soll.

Ein Beispiel: Der Reiter erarbeitet mit seinem Pferd das Tempoverstärken im Tölt. Das Pferd hat im Arbeitstempo bereits die Form gefunden und lässt sich hier einigermaßen versammelt reiten. Beim Tempoverstärken wird es zu hoch in der Haltung, verspannt sich deshalb leicht, hält aber den Takt. Um eine bessere Form zu erreichen, wird es in den Trab verstärkt, folglich streckt es sich mehr und bekommt im stärkeren Tempo die richtige Form und Lockerheit. Es hat dann aber an Takt verloren.

Beide Stufen sind halb richtig. Der Reiter muss nun in geduldiger Arbeit, diese beiden Varianten gleichzeitig nebeneinander ausbilden, so lange bis das Pferd sich im schnelleren Tölt genügend streckt (Haltung gut) und dabei den klaren Viertakt beibehält (Takt gut). Wichtig ist, dass der Reiter auf dem Weg dorthin das Pferd weder für Taktfehler noch für Formfehler straft, denn im Lauf der Ausbildung muss das Pferd sich sowohl in die Streckung trauen, wie auch ohne Angst in den Trab oder Galopp herauslaufen.

Immer wieder muss der Reiter den Kompromiss zwischen Takt und Form eingehen, bis das Pferd gelernt hat, sich zu strecken und dabei taktklar vorwärts zu gehen. Das ist die Basis für eine korrekte Arbeit in Richtung Versammlung.

und Schulter weichen nach unten aus. Das Pferd wird steif und kann sich nicht mehr dehnen, den Rücken nicht mehr aufwölben und mit der Hinterhand nicht mehr untertreten.

Um das Pferd über das Temporeiten ins Gleichgewicht zu bringen, sollte es der Reiter möglichst schnell traben. Denn wenn im Trab der Rücken hochkommt, hat der Reiter länger Zeit zu

Über eine Galopprolle im Pass kann der Reiter verhindern, dass der Rücken nach oben kommt, das Pferd zweitaktig wird und tribuliert.

Traversale im Schritt

reagieren, weil das Pferd immer zuerst einige Töltschritte macht, bis es in den Zweitaktpass und damit in den negativen Bewegungsablauf kommt. Im Tölt steht das Gleichgewicht viel eher auf Messers Schneide, weil der Zweitaktpass näher liegt, im Rennpass ist im Prinzip gar keine Zeit mehr zu reagieren.

Um im positiven Bewegungsablauf zu bleiben, muss das Pferd beim Zulegen vom passigen Zweitakt immer mehr über den Tölt in Richtung Trab laufen. Und umgekehrt beim Einfangen des Tempos immer passiger werden.

▶ Klassischer Aufbau der Seitengänge

Die Arbeit mit den Seitengängen beginnt, wenn die
Stufe der Gangartentrennung erarbeitet wird. Die Sei-
tengänge beginnen, indem der Reiter mit seinem
Pferd das Schulter herein erarbeitet. Es wird deshalb
»Mutter aller Seitengänge genannt«.

SCHULTER VOR Die Vorstufe zum Schulter
herein ist das Schulter vor, was einfach bedeutet, dass
das äußere Vorderbein auf einer gedachten Linie zwischen den beiden Hinterbeinen fußt.

SCHULTER HEREIN Danach folgt das Schulter
herein geradeaus. Dabei geht das Pferd auf drei Hufschlägen. Das äußere Vorderbein fußt auf der Linie
vom inneren Hinterbein. Später wird diese Lektion
auf der gebogenen Linie geritten. – entweder durch
die Ecke oder auf dem Zirkel. Daraus entwickelt man
das Konter-Schulter-herein auf der Geraden. Für das
Pferd bedeutet diese Übung vom Ablauf her nichts
Neues. Der Unterschied ist: nicht mehr die Hinterhand wird durch die Bande »gehalten«, sondern die
Vorhand. Beim Durchreiten der Ecke oder auf dem
Zirkel muss der stellende Zügel zudem das Wenden
übernehmen. Die Vorhand beschreibt in den Wendungen den größeren Kreis wie die Hinterhand und
muss dabei mehr übertreten als im Schulter herein.

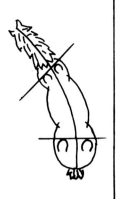

Schulter herein

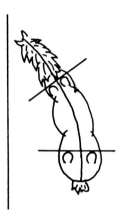

Konter-Schulter herein

**KRUPPE HEREIN (TRA-
VERS)** Die nächste Stufe ist
das Kruppe herein (auch Tra-
vers genannt) an der langen Seite, der Bande entlang. Dies ist beim Geradeausreiten
die erste Stufe der Versammlung, weil die
äußeren Beine über die inneren treten und
nicht wie beim Schulter herein die inneren
über die äußeren. Anschließend wird
Kruppe herein (Travers) durch die Ecke
und auf dem Zirkel geritten. Dabei muss
die Hinterhand in der Wendung den kleineren Kreis beschreiten und, je enger die
Wendung ist, um so mehr übertreten.

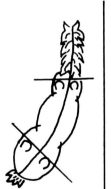

Travers

Renvers

KONTER-KRUPPE HEREIN (RENVERS)

Darauf folgt Konter-Kruppe-herein (auch Renvers genannt) geradeaus an der langen Seite.

Danach wird Konter-Kruppe-herein (Renvers) durch die Ecken und auf dem Zirkel geritten.

Anschließen lässt sich das Ziel aller Seitengänge, die Traversale. Dabei ist das Pferd gleichmäßig in die Bewegungsrichtung gestellt und gebogen. Je nach Länge der diagonalen Strecke (durch die ganze, durch die halbe Bahn) wird das Pferd dabei mehr **vorwärts**-seitwärts oder mehr vorwärts-**seitwärts** geritten und damit weniger (durch die ganze Bahn) oder mehr (durch die halbe Bahn) Versammlung erreicht.

Wie eine Gymnastikreihe aussehen könnte

Die Gymnastikreihe wird am Beispiel eines links engen Pferdes gezeigt. Dessen Reiter steht immer wieder vor dem Problem, dass sich das Pferd mit dem linken Hinterbein vor der Arbeit drücken will. Selbst dann, wenn es Schulterherein und Travers schon prinzipiell verstanden hat, ist das Problem nicht von selbst behoben.

Um die Arbeit des linken Hinterbeines zu fördern, wird das Pferd zunächst auf der linken Hand Schulter herein geritten, um mit dem linken Schenkel das linke Hinterbein unter die Last zu treiben. Dabei wird die Vorhand mit dem rechten Zügel nach innen gerichtet. Diese Übung ist deshalb relativ einfach, weil das Pferd von sich aus am ehesten reell an den rechten Zügel herantritt. Wird dieses Hereinführen der Vorhand zunehmend schwieriger, weil das Pferd wegläuft oder Ermüdungserscheinungen zeigt, stellt der Reiter das Pferd ins Konter-Kruppe-herein (Renvers) um. Das hat den Vorteil, dass das Pferd mit der Hinterhand an der Bande und mit der Vorhand in Richtung zweiter Hufschlag verschoben bleibt. Das Pferd muss aber jetzt eine Rechtsbiegung einnehmen, was es von Natur aus in dieser Situation nicht gerne macht. Die treibende Hilfe bleibt am linken Schenkel, nur treibt der linke Schenkel jetzt hinter dem Gurt das linke Hinterbein als neues äußeres Hinterbein aber genau so zum Schwerpunkt. Die

Vorhand wird mit dem rechten Zügel nach links geführt, der linke Zügel kontrolliert die Haltung. Die Parade rechts wirkt nun aber nicht mehr als äußere Hilfe, sondern als innere. Dabei ist es wichtig, dass dieses Konter-Kruppe-herein (Renvers) anfangs nur über wenige Meter verlangt und das Tempo etwas mehr verringert wird. Die Haltung des Pferdes sollte eher tiefer sein als im Schulter herein, weil das links enge Pferd sich rechts nicht gerne biegen lässt. Beide Übungen ergänzen sich im Wechsel immer wieder gegenseitig.

Auf der rechten Hand wird das Pferd als Grundstellung im Konter-Schulter-herein geritten, im Wechsel mit kurzen Reprisen im Kruppe herein (Travers). Damit wird derselbe Zweck erreicht wie auf der linken Hand: Das Pferd kann immer weniger mit dem linken Hinterbein ausweichen. Auf der rechten Hand ist die Vorhand immer näher an der Bande und die Hinterhand in Richtung zweiter Hufschlag verschoben, ob mit Linksstellung im Konter-Schulter-herein oder mit Rechtsstellung im Kruppe herein. Nur die Biegung ist jeweils anders, einmal ist das Pferd nach links, einmal nach rechts gebogen.

Diese Gymnastikreihe funktioniert im Gelände ebenso wie in der Bahn. Der Reiter kann sich eine gerade Strecke mit festem Untergrund vornehmen und verwendet als Bande die Wegränder. Gut geeignet sind breite Waldwege.

Gymnastikreihe im Gelände: Am rechten Wegrand stellt der Reiter sein Pferd vom Schulter herein links um ins Kruppe herein rechts und wieder zurück. Dann kann mit einer Traversale zum linken Wegrand gewechselt werden. Dort wird das Pferd umgestellt ins Kruppe herein rechts, usw. Diese Übung sollte zunächst abschnittsweise erarbeitet und immer wieder variiert werden.

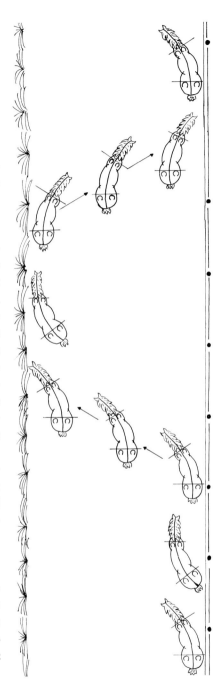

Die Erfolgstreppe

Stufe für Stufe, wie in der Skala der Ausbildung, muss auch beim Gangpferd die »Versammlung« erarbeitet werden. Dabei ist es wichtig, dass eine Stufe nach der anderen erklommen und auf keinen Fall eine ausgelassen wird. Allerdings lässt sich zwischen den einzelnen Stufen keine messerscharfe Trennlinie formulieren – oft greifen sie ineinander über, zum Beispiel nimmt die Anlehnung ihren Anfang, wenn die Losgelassenheit beginnt und ist erst dauerhaft gesichert, wenn das Pferd durchlässig ist.

Je nach Typ des Pferdes braucht der Reiter manches aus späteren Stufen schon früher und umgekehrt – etwa beim Viergänger, der vor der Gangartentrennung bereits ziemlich weit in der Dehnungshaltung geritten sein muss, weil er sonst das Tölten nicht richtig »lernen« kann.

Auf diese Erfolgstreppe sollte sich jeder Reiter begeben, der lange Freude an einem gesunden Islandpferd, einem verlässlichen »Kumpel« im Gelände oder einem treuen Kameraden im Wettkampf haben will.

In diesem Buch sind die Anforderungen unterteilt je nach den Ambitionen, mit denen der Reiter sich auf den Weg macht.

Schritt für Schritt zur Versammlung

▶ Die Ansprüche an die Ausbildung
Der Freizeitreiter

Der Freizeitreiter ist am liebsten mit seinem Pferd in der Natur unterwegs. Aus Tierliebe und Pflichtgefühl absolviert er in der Ausbildung seines Pferdes und in der eigenen Ausbildung das Nötigste. Sein Ziel auf der Erfolgstreppe wäre die Stufe der Dehnungshaltung. Denn er möchte seine Freizeit mit dem Pferd in Harmonie genießen. Wichtig ist ist ihm ein fairer Umgang mit dem Pferd und dessen Gesunderhaltung.

Auch Freizeitreiter sollten sich informieren, damit sie bei ihrem Hobby der Gesundheit ihres Pferdes nicht schaden.

Der ambitionierte (Freizeit-)Reiter

Auch diese Reiter genießen hauptsächlich die Freizeit mit ihrem Pferd. Aber sie haben gleichzeitig einen sportlichen Ehrgeiz. Sie testen deshalb bisweilen ganz gern auf einem kleineren Turnier ihren Leistungsstand und haben Spaß daran, ihr Pferd zu formen und zu fördern. Sie wollen sich und ihr reiterliches Können gemeinsam mit ihrem Pferd weiterentwickeln.

Dabei ist ihnen der Weg das Ziel – Schritt für Schritt steigern sie ihre Leistung, ohne Zeitdruck und immer mit dem Schwerpunkt auf dem Spaß an der Freude, aber nicht auf Kosten des Pferdes. Sie genießen jeden Fortschritt und sie wollen die Harmonie erreichen, die jedes Miteinander zur reinen Freude werden lässt.

Mannschaftsturniere werden oft im Kostüm geritten. Beliebt sind die Wikinger.

Ambitionierte Freizeitreiter nehmen sich viel Zeit für die Ausbildung ihres Pferdes. Mit Geduld und Schritt für Schritt erreichen sie dann zum Beispiel auch, dass ein extrem schneller Rennpasser mit der richtigen Ausbildung zwar unspektakulär, aber locker töltet.

Der Sportreiter

Der Sportreiter formt und fördert sein Pferd mit System, um auf dem Turnier dann sicher die Leistung abrufen zu können. Dabei sollte er unbedingt Wert auf solide Arbeit und die Gesunderhaltung seines Sportkameraden legen. Denn abgesehen davon, dass dies nur fair ist, finden sich schließlich Pferde, die zu Ausnahmeleistungen fähig sind, nicht gerade an jeder Straßenecke. Das heißt: Ein gutes Turnierpferd ist wertvoll. Leider merkt das auch heute immer noch mancher erst dann, wenn er sich auf die Suche nach einem Nachfolger begeben muss.

Die meisten Sportreiter investieren viel in die Arbeit mit ihren Pferden. Und je besser ihr Können ist, desto mehr spüren sie, wie viel ein guter Reiter aus einem Pferd machen kann und sie erleben, dass auch sie selbst mit ihrem Pferd Schritt für Schritt weiterkommen können. Dabei merken viele, dass auf dem Weg ei-

So kann man sich freuen und trotzdem mit dem Siegerstrauß noch locker Rennpass reiten, wenn das Pferd gut ausgebildet ist.

nes harmonischen Miteinanders auch Leistung ohne Zwang und Stress erarbeitet werden kann.

Grundsätzlich gibt es deshalb für die Ausbildung auf der Erfolgstreppe kein zeitliches Raster. Ein Reiter sollte nach Gefühl entscheiden, wann er selbst und sein Pferd eine Stufe so sicher beherrschen, dass zur nächsten übergegangen werden kann.

Außerdem sollten sich alle Reiter, die nicht professionell mit Pferden arbeiten, mindestens doppelt so viel Zeit nehmen wie die Profis. Diese Erkenntnis hat einen einfachen Hintergrund: Wer zum Beispiel nur einen Rennpasser ausbildet, kann schon allein aus physischen Gründen nicht öfter als drei- bis viermal pro Woche Pass reiten, weil das Pferd dazu viel Kraft braucht. Ein Profi, der mehrere Pferde im Rennpass trainiert, hat wesentlich öfter Gelegenheit, Erfahrung zu sammeln und neue Erkenntnisse auszuprobieren. Dieses Beispiel lässt sich auf alle Bereiche der Ausbildung übertragen: Wer mehrere Pferde eintölt, weil er beruflich mit Islandpferden arbeitet, kann leicht Vergleiche ziehen und spürt viel schneller, mit welchen Hilfen er weiterkommt.

Grundsätzlich sind alle Stufen der hier dargestellten Erfolgstreppe erprobt – bis zur Losgelassenheit – mit vielen Pferden und vielen unterschiedlichen Reitern. Ab der Stufe der Losgelassenheit haben vor allem Turnierreiter ihre Pferde nach diesem System ausgebildet. Der grundsätzliche Trainingsaufbau ist gesichert – Verfeinerungen sind weiterhin möglich, besonders in den oberen Ausbildungsstufen. Basis ist dabei das Bestreben, weiterhin pferdegerecht und doch schneller ans Ziel zu kommen.

Schon bei der Bodenarbeit ist es wichtig, dass das Pferd den Menschen respektieren lernt.

▶ 1. Stufe – Dominanz und Gehorsam

In dieser ersten Stufe wird das Pferd psychisch und physisch auf das Reiten vorbereitet.

Der Reiter verwendet folgende Bausteine:

▶ Longieren
▶ Bodenarbeit
▶ Handpferdereiten
▶ Halt und Rückwärtsgehen als Gehorsamsübungen
▶ Anreiten
▶ Wenden

Der Reiter hat dieses erste Ziel erreicht, wenn er in der Bahn und im Gelände mit anderen und alleine zwanglos überallhin reiten kann. Dies hört sich zunächst ganz einfach an. Doch bereits in dieser Stufe braucht der Reiter Geduld, verbunden mit dem richtigen Maß an Konsequenz, denn hier entscheidet sich auch, ob das Pferd ihm vertrauen wird.

Bei eher steifen Pferden lohnt es sich, den Trab in der Bodenarbeit gut zu festigen. Schritt und Trab bieten nämlich die größten Chancen, dass das Gangpferd nicht in den negativen Bewegungsablauf gerät – das heißt ganz salopp gesprochen »Schweinepass auf der Vorhand geht«, wenn später beim Zureiten das Reitergewicht dazukommt. (Siehe Baustein Spiel mit den Gangarten, Seite 86).

▶ 2. Stufe – Gangartentrennung

In dieser Stufe unterscheidet sich die Ausbildung von Vier- und
Fünfgängern. Während der Fünfgänger und der Naturtölter bei
Anforderungen wie etwa Schulter vor oder Schulter herein im
Trab ganz locker von alleine den Tölt entwickeln, tut sich der Viergänger nur im Trab leicht, diese Anforderungen zu erfüllen. Mit
dem Viergänger muss unbedingt die folgende Stufe, die Dehnungshaltung, zuerst im Trab erarbeitet werden, ehe er getöltet
werden kann. Denn sonst wird schnell aus Trab verspannter Pass.
Und für die spätere Ausbildung ist es entscheidend, dass ein
Hochkommen des Halses und ein Durchbrechen im Rücken verhindert wird. Die Gefahr ist groß, weil steife Pferde in der Vorhand tief sind – beim lockeren Pferd ist das nicht so, es hat in der
Vorhand keine Probleme nach oben zu kommen und kann deshalb »Schaukelgalopp« (isländisch auch »Valhopp« oder auch ba-
rock »Schulgalopp«) gehen.

Folgende Bausteine verwendet der Reiter bei der Gangartentrennung:

- ▶ Longieren
- ▶ Bodenarbeit
- ▶ Handpferdereiten
- ▶ Anreiten – Tempounterschiede
- ▶ Paraden und Rückwärtsrichten (als Gehorsamsübung)

- ▶ Stellen
- ▶ Laterale Hilfen
- ▶ Diagonale Hilfen
- ▶ Schulter herein
- ▶ Kruppe herein
- ▶ Reiten von Wendungen
- ▶ Spiel der Gangarten
- ▶ Berg hinunter reiten

Die Stufe ist erreicht, wenn der Reiter sein Pferd weitgehend ohne Zwang zu jedem Zeitpunkt in der Bahn und im Gelände, alleine oder mit anderen, im Schritt, Trab und Tölt reiten kann, wenn er das möchte. Das Pferd darf dabei noch ein Grundtempo gehen, das seiner Veranlagung entspricht.

Mit Kruppe herein lässt sich ein Pferd ohne weiteres zum Takt holen – durch die versammelnde Wirkung dieser Lektion tritt die Hinterhand besser unter den Schwerpunkt: Entscheidend im Anschluss: das Strecken in die Dehnungshaltung (Bid unten).

Die Gangartentrennung ist die erste Stufe des Taktes. Auf der Erfolgstreppe wird mit dem Erreichen jeder weiteren Stufe der Takt in jedem Gang kontinuierlich verbessert.

Die Stufe der Gangartentrennung ist besonders in der Ausbildung von Viergängern ein Meilenstein. Diese Pferde werden jetzt nämlich eingetöltet, wobei der Reiter zuvor sicherstellen muss, dass die Pferde in Stellung und Biegung die Hilfen sauber annehmen können. Sonst würde das Eintölten nur über die Hand gehen, das Pferd lernt, dass Tölt mit einer schmerzhaften Haltung verbunden ist und wird nie bereit sein, diesen Gang losgelassen zu gehen.

▶ 3. Stufe – Dehnungshaltung

Physisch lernt das Pferd in dieser Stufe, die Tragemuskulatur (das heißt Rücken- und Bauchmuskulatur) so aufzubauen, dass es das Reitergewicht mühelos tragen kann.

Psychisch braucht das Pferd in dieser Phase großes Vertrauen zum Reiter, denn es nimmt die Dehnungshaltung nur ein, wenn es sich wohl fühlt. Das Pferd zeigt seinem Reiter dieses

▶ Eintölten

Als Eintölten bezeichnet man die Phase, in der ein Pferd das Tölten »lernt«, das von sich aus unter dem Reiter nur Trab anbietet. »Eintölten« beginnt damit, dass der Reiter den Schritt so weit verkürzt, bis das Pferd passartig wird. Dabei wird das Pferd anfangs auf die weite Seite gestellt, weil es auf der engen Seite den Zügel meist nicht annimmt und über die Schulter der weiten Seite flieht – also gar nicht genügend im Gang verkürzt werden kann. Das »Eintölten« beginnt mit sehr kurzen Phasen (nur ein paar Schritte). Dazwischen darf das Pferd immer wieder am langen oder am hingegebenen Zügel gehen. Am Anfang macht man auch nur zwei, drei Phasen im verkürzten Schritt. Es empfiehlt sich, diese Pferde lieber zwei- oder dreimal am Tag zehn Minuten zu reiten und dabei nur Schritt und verkürzten Schritt zu reiten. Der Reiter wählt für die Arbeit einen ebenen und festen Boden, eventuell sogar Asphalt. Wenn es den Pferden sehr schwer fällt, passartig zu gehen, sollten sie anfangs vorne nur mit ganz leichten Eisen oder für kurze Zeit (ein bis zwei Wochen) gar nicht beschlagen sein.
Sobald das Pferd sich stark zum Pass verändert – und das kann manchmal ganz plötzlich gehen, von einem Tag auf den anderen – wird das Pferd für die Arbeit nicht mehr auf die weite Seite gestellt, sondern auf die enge. Dabei versucht man, mit der Einwirkung des Schenkels auf der weiten Seite, einen Zügelkontakt auf der engen Seite herzustellen. Das Pferd wird also diagonal mit dem äußeren Schenkel gegen den inneren Zügel getrieben. Dabei kann das Pferd allmählich im Tempo gesteigert werden und es darf sogar in den Trab hinauslaufen, damit es weiß, dass die trabartige Bewegung nicht verboten ist, wird dann aber wieder zum langsameren passartigen Tölt zurückgenommen. Ab dann ist die weitere Arbeit gleich wie bei einem fünfgängigen Pferd.

Beim Eintölten kommt das Pferd in der Haltung hoch, wenn es die Passspannung lernt. Erst wenn diese Spannung erreicht ist, darf es sich wieder dehnen.

Wohlfühlen ganz deutlich: Es schnaubt ab – meist sogar mehrmals und auf beiden Händen. Dabei kann der Reiter spüren, wie tief das Pferd eigentlich mit dem Hals kommen müsste. Oft schütteln sich die Pferde im Genick und den Ohren, wenn die allein durch das Reitergewicht erzeugte Verkrampfung sich zu lösen beginnt. Obwohl die Pferde intensiv gearbeitet werden, lassen sie jetzt die Ohren ganz entspannt im Takt mitwippen.

▶ Ein Wort zur Tragemuskulatur

Viele Reiter glauben, dass das Pferd sie mit der Rückenmuskulatur trägt. Das stimmt aber nur bis zu einem gewissen Grad – nämlich nur so weit, dass sie tatsächlich auf der Rückenmuskulatur sitzen. In Wirklichkeit muss das Pferd aber die Bauchmuskulatur anspannen, damit es das Reitergewicht tragen kann, ohne auf Dauer Schaden an seiner Gesundheit zu nehmen. Wenn es den Hals senken kann, also nicht zu einer falschen Aufrichtung gezwungen wird, kann das Pferd den Reiter auf der gedehnten Rückenmuskulatur schmerzfrei tragen und nur dann kann die Hinterhand untertreten. Wichtig zu wissen ist auch Folgendes: Da das Verhältnis zwischen Reitergewicht und Pferdegröße beim Islandpferd extremer ist, als bei größeren Rassen, muss hier besonderen Wert auf eine gute Form dieses Zusammenspiels gelegt werden. Sehr vereinfacht kann man sich vorstellen, dass durch das Untertreten der Hinterhand die Kruppe gesenkt und dabei das Rücken-Nackenband von hinten gespannt wird. Beim Nach-hinten-Schwingen des Beines wird die Bauchmuskulatur angezogen. In diesem Wechselspiel richtet sich das Pferd auf, ohne dass es im Rücken wegbricht. Weil nur das rhythmische Anspannen der Bauchmuskulatur das Pferd geschlossen hält, ist es völlig sinnlos, das Pferd in der Parade nach oben zu ziehen (Bauchmuskulatur gedehnt, Rückenmuskulatur verspannt) und dann mit der Gerte oder heftiger Schenkeleinwirkung ein Untertreten der Hinterhand erzwingen zu wollen. Schon aufgrund seines Körperbaus hat das Pferd keine Chance, diese Anforderung zu erfüllen.

Deutlich sichtbar, wie es die Bauchmuskulatur anspannt, wenn das Pferd den Weg in die Tiefe sucht.

Um die Dehnungshaltung zu erreichen, muss das Pferd sich nach vorwärts-abwärts strecken und zwanglos gehen. Der Reiter »macht sich so leicht wie möglich«, er sitzt von der Tendenz her entlastend, damit sich der Rücken des Pferdes aufwölben kann.

Die damit angestrebte Zwanglosigkeit ist die Vorstufe zur Losgelassenheit (von der man erst dann reden kann, wenn das Pferd in Dehnungshaltung mit Anlehnung und Energie geht). Der Reiter sollte sich diesen Zielbegriff aber schon jetzt bewusst

Ist ein Pferd so weit, dass es sich nach der »Anspannung« durch Lektionen wie Schulter herein oder Kruppe herein so tief streckt, hat es die Dehnungshaltung verstanden.

auf der Zunge zergehen lassen: Loslassen hat etwas mit »lassen« zu tun. Kein Pferd kann zum Loslassen gezwungen werden – das sollte auch jeder bedenken, der das Gefühl hat mit Hilfsmitteln (wie etwa Schlaufzügel) schneller ans Ziel zu kommen. Wenn das Pferd in diesem Stadium das Vertrauen verliert, ist dieser Verlust nur sehr schwer wieder zu korrigieren. Man braucht zumindest sehr viel Zeit.

Um die Dehnungshaltung zu erreichen, braucht der Reiter folgende Bausteine:

▶ Longieren
▶ Bodenarbeit
▶ Anreiten und Tempounterschiede
▶ Paraden und Rückwärtsrichten (als Gehorsamsübung)
▶ Stellen
▶ Laterale Hilfen
▶ Diagonale Hilfen
▶ Schulter herein
▶ Kruppe herein
▶ Reiten von Wendungen
▶ Spiel mit den Gangarten

Die Dehnungshaltung ist in jeder Gangart unabdingbare Voraussetzung für die Versammlung:

Das Pferd muss den Hals fallen lassen, um dem Rücken eine Vorspannung zu geben. Das gibt der Hinterhand die Möglichkeit, unter den Schwerpunkt zu treten und damit ihrerseits

Der Reiter nutzt dann jede Gelegenheit, dem Pferd die angenehme Streckung zu erlauben und damit die Bauchmuskulatur zu trainieren.

In dieser tiefen Haltung lernt das Pferd am leichtesten die Anlehnung zu finden.

den Rumpf von hinten zu tragen. Jetzt erst ist die Hinterhand in der Lage, mithilfe der langen Rückenmuskulatur, Schulter und Hals anzuheben.

Dieser vereinfachte Blick auf körperliche Zusammenhänge zeigt: Ohne Dehnungshaltung kann die Hinterhand nicht untertreten und erst aus der Dehnungshaltung heraus kann sich ein Pferd aufrichten. Wer also sein Pferd im Tölt nicht in der Dehnungshaltung reiten kann, braucht an Versammlung nicht zu denken, geschweige denn davon zu reden.

GANZ WICHTIG: Die Dehnungshaltung erreicht man nicht mit Zwang – sie hat nichts mit dem Tiefreiten zu tun, bei dem (leider) viele Islandpferde-Turnierreiter mit tief gestellter Hand (oder Ausbindern) ihr Pferd nach unten zwingen.

Eine Dehnungshaltung nimmt das Pferd vielmehr freiwillig ein, weil es gelernt hat, dass es ihm mit tiefer Nase (angespannte Bauchmuskulatur, gedehnte Rückenmuskulatur) leichter fällt, den Reiter zu tragen. Bis das Pferd diese Erfahrung gemacht hat, muss der Reiter viel Geduld aufbringen und manchen Kompromiss eingehen – anfangs zum Beispiel diesen, dass nach einer entsprechend »anspannenden« Übung (z.B. Schulter herein) der Zügelkontakt völlig aufgegeben, der Pferderücken entlastet und das Pferd gelobt wird, sobald es sich in Richtung Tiefe streckt. Eine gewöhnungsbedürftige, aber wichtige Übung in dieser Phase ist es, ständig die Zügel ganz hinzugeben und immer wieder aufzunehmen, um sie dann wieder völlig hinzugeben.

Das Pferd beherrscht die Dehnungshaltung, wenn es sich der nachgebenden Hand folgend nach vorwärts-abwärts streckt. Deshalb wäre es an der Zeit, die Körperhaltung des gerittenen Islandpferdes, das gewohnte Bild, grundsätzlich zu überdenken. Einmal mehr zeigen diese Überlegungen nämlich, wie unsinnig es ist, in der Töltprüfung 1.1 vom Pferd zu verlangen, in hoher Selbsthaltung ohne Anlehnung zu tölten. Dies können nur »abgerichtete« Pferde. Tölter, die korrekt an den Hilfen stehen, würden der nachgebenden Hand folgen (Zügel aus der Hand kauen) und in Dehnungshaltung mit der Nase tief am Boden, taktklar und ohne zu eilen weitertölten.

Zugegeben: ein Pferd, das in Dehnungshaltung geht, trägt prozentual mehr Gewicht auf der Vorhand. Aber es geht zwanglos und deshalb schadet ihm das nicht – selbst wenn es das Reitergewicht mittragen muss. Schädlich hingegen ist, wenn ein Pferd verspannt und unter Druck auf der Vorhand geht. Es gibt inzwischen Studien, die aufzeigen, dass Pferde nicht durch die Belastung der Vorhand Schaden nehmen, sondern durch die damit zumeist verbundene Verspannung. Denn auch das in eine hohe Haltung gezwungene und steife Pferd geht immer auf der Vorhand – selbst wenn der hochgezogene Hals manchem Laien eine »Aufrichtung« vortäuscht. Dass die meisten so gerittenen Islandpferde nicht viel früher tierärztliche Hilfe benötigen, dürfte an der für diese Rasse üblichen Haltung liegen: viel Auslauf, Weide und Trainingspausen über Monate geben dem Pferd immer wieder die Möglichkeit, sich einigermaßen von den vom Reiter zugefügten Verspannungen zu regenerieren.

Ziel der Dehnungshaltung ist es, dass das Pferd zwanglos geht und mit beiden Hinterbeinen gleichmäßig schiebt. Dabei richtet sich ein Pferd um so mehr in sich gerade, je tiefer die Hal-

Ein erstes Ziel ist erreicht: Wenn ein Pferd so gedehnt tölten gelernt hat, sind Taktfehler eine Seltenheit.

tung ist, in der es laufen kann. Weil es keinem Zwang und keiner Spannung mehr ausgesetzt ist, rennt das Pferd auch nicht mehr weg und lässt sich gelassen treiben. Außerdem konzentriert es sich auf den Reiter. Das sind beste Voraussetzungen für die Arbeit in Richtung Versammlung.

▶ 4. Stufe – Anlehnung

Besonders schwer zu entscheiden ist, ob es sinnvoller ist, zuerst die Stufe der Anlehnung oder die Stufe der Losgelassenheit zu beschreiben. Beide werden fast gleichzeitig, sich im Prinzip gegenseitig bedingend, erarbeitet, denn ohne Losgelassenheit gibt es keine korrekte Anlehnung und ohne Anlehnung keine Losgelassenheit.

Weil sich aus der Zwanglosigkeit in der Dehnungshaltung die erste wirkliche Chance zur Anlehnung ergibt und erst aus dieser Anlehnung die Losgelassenheit resultieren kann, soll hier zunächst die Anlehnung beschrieben werden:

Von Anlehnung spricht man, wenn beide Hinterbeine des Pferdes gleichmäßig vortreten und es sich deshalb über den Rücken und Hals an das Gebiss heran dehnt. Anlehnung ist nicht von Anfang an an beiden Zügeln gleichmäßig und sicher. Oft machen sich die Pferde einseitig noch fest in den Gelenken. Ziel ist aber die beidseitig gleiche Anlehnung, bei der das losgelassene Pferd die Paraden von vorne nach hinten durch den ganzen Körper durchlassen kann. Ziel ist es auch, dass der Reiter am inneren Zügel bewusst die Anlehnung aufgeben und das Pferd einseitig außen führen kann, ohne dass die Stellung verloren geht.

Auf die Anlehnung muss man warten können. Sie beginnt, wenn das Pferd sich irgendwann im Hals tief genug fallen lässt und selbst die Verbindung zur Hand des Reiters sucht. Eine Anlehnung lässt sich nicht erzwingen, indem man das Pferd durch Riegeln oder Engmachen in eine tiefe Haltung drückt. Vielmehr erreicht man die gewünschte Anlehnung, indem man durch Reiten in Schulter herein oder Kruppe herein immer wieder Anreize setzt. Das Pferd, das zuvor über die Dehnungshaltung gelernt hat, sich anschließend in die Tiefe zu strecken, findet über diese Arbeit nun den äußeren Zügel. Diese sichere Anlehnung wird zunächst auf der weiten Seite gefunden, will heißen, dass der Zügel auf der weiten Seite äußerer Zügel ist – später auf der engen Seite.

Anlehnung ist federnd, leicht und gleichmäßig. Der Reiter braucht keinerlei Kraft – manche vergleichen das Gefühl am Zügel mit einem Gummiband, dessen Kontakt zum Maul nie abreißt.

Pferde, die sich aufrollen oder ins Gebiss hängen, haben keine Anlehnung. Sie wehren sich vielmehr nach ihren Möglichkeiten gegen die vom Reiter erzeugte Spannung.

Eine korrekte Anlehnung zu erreiten, ist beim Islandpferd ausgesprochen schwer, weil man mit der großen Gangvielfalt zurechtkommen muss. Daraus resultiert einerseits die Erschwernis, dass die Pferde aufgrund ihrer Tölt- und Passveranlagung breiter sind und die Hinterhand mehr weggestellt ist. Andererseits kann, wer die Gänge trennen muss, ja nicht einfach nur den Zügel lang lassen und das Pferd wie beim Longieren tief laufen lassen, bis es die Anlehnung gefunden hat. Islandpferde-Reiter müssen sich deshalb häufiger mit Spannungen auseinandersetzen und damit, dass das Pferd in Kopf und Hals nach oben kommt, weil es über die Einwirkung mit Schenkel und Zügel etwa im Tölt gehalten werden muss.

Ein Grund mehr, der dafür spricht, dass sich der Reiter viel Zeit lassen sollte, wenn er die Dehnungshaltung, die daraus sich

In der Tiefe sucht und findet das Pferd die Anlehnung – zunächst im Schritt ...

... und später im Tölt, sogar in der Stellung. Jetzt kann das Treiben einsetzen, das bewirkt, dass die Hinterhand mehr Last übernimmt und die Vorhand sich aufrichtet.

entwickelnde Anlehnung und Losgelassenheit erarbeitet. Unbegründet ist auch die Sorge, man müsse das Pferd aus der tiefen Haltung später wieder »nach oben holen«. Die Anlehnung wird nämlich nicht nur immer gleichmäßiger und sicherer, je entschlossener die Hinterbeine des Pferdes zutreten. Je mehr die Hinterbeine zu tragen beginnen, desto mehr richtet sich das Pferd aus der Schulter heraus auf und desto höher und leichter wird die Anlehnung.

Ganz klar ist auch: Ohne Anlehnung hat der Reiter noch keine gesicherte Möglichkeit, mit den Paraden nach hinten zum »Motor« durchzukommen. Solange das Pferd noch keine stete Anlehnung hat, kommt es bei den Paraden im Hals hoch und »bricht auseinander«. Deshalb haben Paraden bis dahin auch noch weitgehend Signalwirkung, die Zügelführung ist eher lenkend und alle Reiter, die möglichst entlastend parieren und anreiten um dem Rücken eine Chance zu geben sich aufzuwölben, sind gut beraten. In dieser Entlastung sollte der Reiter variieren: mehr entlasten, wenn er vorwärts reitet, mehr belasten, wenn er parieren will – aber immer noch keinen Vollsitz einnehmen.

So erreicht der Reiter die gleichmäßige Anlehnung, das Pferd ist gestellt und gebogen.

Um die Anlehnung zu erreichen, sind folgende Bausteine notwendig:

► Longieren
► Anreiten und Tempounterschiede
► Paraden und Rückwärtsrichten (als Gehorsamsübung)
► Spiel mit den Gangarten
► Diagonale Hilfen
► Schulter herein
► Kruppe herein
► Reiten von Wendungen
► Temporeiten
► Berg hinunter reiten

► 5. Stufe – Losgelassenheit

In der Losgelassenheit richtet der Reiter die Wirbelreihe des Rückens vom Becken bis ins Genick so ein, dass die Wirbel gerade aufeinander eingerichtet sind. Das ist die Hauptvoraussetzung für Loslassen in allen Gelenken.

Erst aus der Losgelassenheit, wenn das Zutreten aus der Hinterhand in der Anlehnung aufgefangen wird, kann sich mehr Energie entwickeln. Das zeigt, wie bereits oben beschrieben, dass Anlehnung und Losgelassenheit im Grunde untrennbar zusammen gehören.

Wenn das Pferd losgelassen geht, wird der Reiter auf einmal ganz leicht getragen, die bis dahin zuweilen mühevolle Einwirkung funktioniert auf einmal wie von selbst. Der Reiter hat das Gefühl, dass keinerlei Anstrengung mehr nötig ist. Die Zuschauer haben das Gefühl, das Pferd sei ein »Selbstläufer«, erfülle alle Anforderungen mühelos und ohne besondere Aufforderung.

Um die Losgelassenheit zu erreichen, haben sich abgesehen von der Dehnungshaltung folgende Bausteine besonders bewährt:

▶ Longieren
▶ Diagonale Hilfen
▶ Anreiten und Tempounterschiede
▶ Paraden und Rückwärtsrichten
▶ Schulter herein
▶ Kruppe herein
▶ Berg hinunter reiten
▶ Reiten von Wendungen
  Oder eine Kombination aus allem.

Trab mit Anlehnung – die Drosselrinne ist in ihrer ganzen Länge sichtbar – ein deutliches Zeichen für die Losgelassenheit.

Im Grundsatz lässt sich feststellen, dass Bergabreiten, Temporeiten oder vorwärts-abwärts reiten drei absolut gleichwertige Übungen sind, wenn es um die Losgelassenheit geht. Bei geeignetem Gelände oder in Islands Weiten können geschickte Reiter ihr Pferd losgelassen tölten, indem sie Tempo oder Abhänge nutzen. Wer allerdings auf Bodenbeschaffenheit oder Platz nicht bauen kann oder nicht angewiesen sein will, kommt nicht um eine saubere Arbeit im vorwärts-abwärts reiten herum.

▶ 6. Stufe – Schwung

Mit erreichter Losgelassenheit und Anlehnung kann der Reiter die Hinterbeine seines Pferdes zu immer mehr und kräftigerem Abstoßen veranlassen. Damit wird die Feder in der Hanke (mit diesem Begriff fasst man die tragenden Gelenke der Hinterhand: Hüft-, Knie- und Sprunggelenk, zusammen) »gespannt«. Je besser diese Feder zur Arbeit eingesetzt werden kann, desto besser entwickelt sich daraus das Erweitern und Verkürzen der Gänge. Der Reiter ist in der Lage, mit seinem Pferd harmonische und attraktive Tempounterschiede zu zeigen.

Wenn Losgelassenheit und Anlehnung stimmen, kann der Reiter den Schwung entwickeln – auch beim Fünfgangveranlagten Islandpferd.

Besonders Islandpferde, die von Natur aus hinten sehr breit gestellt sind, brauchen zur Schwungentfaltung schon ein Gutteil der eigentlich nächsten Stufe der Erfolgstreppe – der Geraderichtung.

In dieser Phase der Ausbildung verwendet der Reiter folgende Bausteine:

- ▶ Anreiten und Tempounterschiede
- ▶ Paraden und Rückwärtsrichten
- ▶ Reiten von Wendungen
- ▶ Diagonale Hilfen
- ▶ Schulter herein
- ▶ Kruppe herein
- ▶ Berg hinunter reiten
- ▶ Spiel mit den Gangarten

Leicht gestelltes, gerade gerichtetes Pferd im Schritt: die Hinterbeine fußen exakt in der Spur der Vorderbeine.
In tiefer Haltung im Tölt richtet sich das Pferd von selbst gerade.

▶ 7. Stufe – Geraderichtung

Unter Geraderichtung versteht man nicht – wie viele glauben – dass die Schiefheit des Pferdes beseitigt wird. Dies ist ja bereits Voraussetzung für eine immer korrekte Anlehnung und Losgelassenheit.

Geraderichtung meint vielmehr, dass die Hinterbeine des Pferdes durch Gymnastizierung so geschult sind, dass sie immer weiter unter den Schwerpunkt treten – sprich immer näher beieinander und damit in die Spur der Vorhand fußen. Die Paraden erreichen die enger gestellten Hinterbeine leichter und damit wird die Anlehnung und die Aufrichtung einfacher.

In dieser Phase der Ausbildung verwendet der Reiter folgende Bausteine:

- ▶ Anreiten und Tempounterschiede
- ▶ Paraden und Rückwärtsrichten
- ▶ Reiten von Wendungen
- ▶ Diagonale Hilfen
- ▶ Schulter herein
- ▶ Kruppe herein
- ▶ Berg hinunter reiten
- ▶ Spiel mit den Gangarten

Wenn ein Pferd nicht gerade gerichtet ist, schwankt es beim Wechsel von einem auf das andere Hinterbein genau so, wie ein Mensch, der breitbeinig vom rechten auf den linken Fuß tritt. Mit der Geraderichtung hört dieses Schwanken auf, der Einsatz der eng beieinander »tretenden« Beine wird energischer und müheloser zugleich – wie der Mensch übrigens auch bei sich selbst testen kann.

▶ 8. Stufe – Versammlung

Diese höchste Stufe der Ausbildung sei hier nur der Vollständigkeit halber angeführt. Für die Anforderungen des Islandpferde-Sports wäre es zurzeit vollkommen ausreichend, wenn mit dem Pferd die 6. Stufe, der Schwung, solide erarbeitet würde – wozu man, wie beschrieben, zumindest auch schon einen Anflug von Geraderichtung braucht.

Allerdings: Je besser ein Islandpferd versammelt töltet, desto mehr Ausdruck hat es. Deshalb lohnt es sich durchaus weiterzumachen, wenn es gelungen ist, bei der Ausbildung in diese Sphären vorzudringen.

Die Tendenz in Richtung Versammlung wird sichtbar, wenn sich das Pferd mühelos, elegant und federleicht bewegt. Der Betrachter hat den Eindruck, als berühre das Pferd in der Bewegung kaum den Boden.

Nach einer solchen Hilfe ist das Pferd in der Lage, mit gutem Takt und in voller Streckung Rennpass zu gehen.

Gangarten auf der Erfolgstreppe

Dieses Kapitel beschreibt, auf welchen Stufen die Ausbildung der Gangarten beginnt und warum der Aufbau so sollte. Ausgespart sind die Stufen der Erfolgstreppe, auf denen keine weiteren Gangarten hinzukommen.

Mancher Reiter wird beim Blick auf diese »Eingruppierung« zunächst einwenden, dass sein Pferd den einen oder anderen Gang schon von sich aus anbietet, lange bevor in der Ausbildung die entsprechende Stufe der Erfolgstreppe erreicht ist. Das stimmt – vor allem wird das deutlich, wenn man sieht, wie viele Pferde Rennpass gehen und noch weit von der sechsten Stufe, dem Schwung, entfernt sind.

Dass der Reiter in einem solchen Fall nur das Material ausspielt, erkennt man an der Konstanz und an der Rittigkeit. Manchmal geht das Passreiten auch eine Weile gut (je nach Talent des Pferdes kürzer oder länger). Ohne eine solide, gründliche Ausbildung, die ihnen das nötige Rüstzeug mitgibt, kommen bald Probleme beim Legen und Zurücknehmen. Viele gute Rennpasser verweigern dann die Mitarbeit.

Veranlagung
erkennen
und fördern

▶ Stufe 1 – Dominanz und Gehorsam

Auf dieser Stufe der Islandpferde-Ausbildung werden eigentlich alle Typen von Pferden im Schritt und im Trab gearbeitet oder geritten.

Pferde, die stark zum Pass tendieren und sich deshalb mit dem Trab schwer tun, sollte man immer wieder zum Rollen (Galopptendenz) animieren, in der Hoffnung, dass sie daraus in den Trab finden. Vor allem an der Longe ist es für das Pferd immer noch besser, wenn es mit einer leichten Aufwärtstendenz (Galopprolle) im positiven Bewegungsablauf geht, als im steifen Pass auf der Vorhand (negativer Bewegungsablauf). Zum Pass steife

In dieser Stufe sollten die Pferde hauptsächlich im Schritt und im Trab gearbeitet werden. Dies ist vor allem bei manchem Rennpasser, zuweilen aber auch beim Naturtölter ein Problem, weil diese Typen wenig Trabsicherheit haben.

Dann kann auch die Arbeit mit Cavalettis und Stangen helfen. Auch für andere Typen ist solche Abwechslung gut, sie lernen, auch in ungewohnten Situationen ihrem Reiter zu vertrauen.

Pferde haben in der Regel eine Hand, auf der sie sich deutlich leichter in Richtung Tölt, Trab oder Galopp »öffnen«. Dies nutzt man anfangs aus, die andere Hand wird seltener und kürzer gearbeitet, bis sich der Gang auch hier allmählich bessert. Hilfe kann auch der Beschlag sein: Anfangs werden die Pferde ohnehin nur vorne beschlagen (Eisen maximal 10 Millimeter dick), stark passartig gehende Pferde beschlägt man auch später hinten leichter.

Eine weitere Hilfe kann sein, das Pferd über Stangen und Cavalettis treten zu lassen, damit es so den Trab findet.

Am gründlichsten arbeiten muss der Reiter in dieser Stufe mit den Pferden, die keinen Trab anbieten (meistens sind das zum Pass steife Typen). Sie müssen den positiven Bewegungsablauf, das heißt traben, lernen, und zwar am besten in der Bodenarbeit. Reiten sollte man diese Pferde erst, wenn der Trab richtig sitzt, weil sie sonst – als Folge des ungewohnten Reitergewichtes – den Trab sofort wieder verlieren.

▶ Stufe 2 – Gangartentrennung

Auf dieser Stufe werden die Pferde in den Gangarten Schritt, Trab und Tölt geritten – dabei muss der Reiter nach Typen unterscheiden:

Immer wieder wichtig ist es, das lockere Bergauf-Pferd zu traben.

Das lockere Bergauf-Pferd

Bei diesem Pferdetyp wird in dieser Stufe neben dem Schritt der Tölt die Haupt-Ausbildungsgangart. Denn der Tölt bietet für Reiter und Pferd den Vorteil, dass die Fußfolge zum Schritt gleich ist. Der Reiter kann das Pferd im Übergang vom einen in den anderen Gang formen, kann die im Schritt erreichte Dehnung ausnutzen und darauf achten, dass es im Hals und Kopf möglichst wenig nach oben kommt.

Schwierig ist allerdings, dass das Pferd in der gedehnten Tölthaltung in alle Richtungen ausweichen kann (Trabtendenz, Passtendenz

Bei trabigen Pferden besteht immer wieder die Gefahr, dass sie in Kopf und Hals zu hoch kommen.

Nur wenn diese Pferde gut ausgebildet sind, und der Reiter sie nicht über die Hand töltet, können sich die trabigen Tölter wieder fallen lassen.

oder Rollen). Ohne Zügeleinwirkung kommt man deshalb nicht aus. Im Trab hingegen kann man ein Pferd auch ohne viel Zügelkontakt nach vorwärts-abwärts strecken lassen, eine Anforderung, die es ohnehin von der Longe her kennt.

Oft können auch beide Gänge, Tölt und Trab, nebeneinander gearbeitet werden und sich damit ergänzen.

Vor allem sollten auch lockere Pferde in der Stufe der Gangartentrennung immer wieder getrabt werden, damit sie diesen Gang nicht »vergessen«. Eine Möglichkeit dies zu verhindern ist auch, sie zu longieren oder als Handpferd mitzunehmen.

Das Pferd, das stark zum Trab tendiert

Pferde dieses Typs dürfen noch traben, bis sie die Dehnungshaltung im Trab einigermaßen verstanden haben und in diesem Gang Schulter vor und Schulter herein geritten werden können. Nur dann lässt sich nämlich verhindern, dass beim Eintölten Kopf und Hals dauerhaft nach oben kommen und dabei Rücken und Schulter nach unten »entwischen« (negativer Bewegungsablauf).

Das Pferd, das stark zum Pass tendiert

Auch Pferde, die zum Pass steif sind, trabt man deutlich länger als die lockeren. Damit versucht man, jede Entwicklung der Bewegung in Richtung eines steifen Passgehens hinauszuschieben. Sobald der Reiter allerdings das Gefühl hat, dass das Pferd in seinem Körper und in seinem Wesen als Reitpferd stabil ist, sollte mit der ausgiebigen Trabarbeit Schluss sein. Sonst läuft man bei diesen Pferden nämlich Gefahr, dass sie, wenn es ans Tölten geht, in der Haltung ebenso zu hoch kommen wie die zum Trab steifen Pferde.

Ideal ist es, wenn dieser Pferdetyp in tiefer Haltung im langsamen Tempo quasi von selbst anfängt zu tölten. Dies erreicht man damit, dass der Übergang vom schnellen Schritt in den langsamen Tölt ganz fließend gestaltet wird. Danach versucht der Reiter, das Pferd aus diesem sehr langsamen Tölt in den Trab laufen zu lassen. Ziel sollte es immer sein, in den positiven Bewegungsablauf zu kommen; dazu steigert man das Tempo in Richtung Trab oder Galopp.

Hilfreich ist, wenn der Reiter über Gewichtsverlagerungen versucht, sein Pferd locker zu machen.

Von großem Vorteil ist es auch, wenn das Pferd schenkelgehorsam ist und sauber nach links oder rechts gestellt werden kann. Dann muss der Reiter den Trab nicht »wegziehen«, sondern kann im Schulter herein den Tölt erreiten und die passartige Bewegung über die Galoppstellung (Kruppe herein) lösen. Biegungen und Stellungen auf die weite Seite sind bei diesem Typ anfangs zu vermeiden.

Pferde, die zum Pass tendieren, müssen lernen, Stellung und Biegung zu akzeptieren. Sind sie auf diese Weise genügend gymnastiziert, können sie später locker tölten.

Ein Wort zur »gefürchteten« Galopprolle

Als Galopprolle bezeichnet man eine Tendenz in Richtung Galopp, die als »Taktfehler« im Trab, Tölt und Pass auftritt.

Die Galopprolle ist einer der »Fehler«, aus dem der wissende Reiter viel machen kann, wenn er sich in der Theorie auskennt und ein gutes Gespür für den Bewegungsablauf seines Pferdes entwickelt. Die Tendenz zum Galopp hat nämlich das große Plus, dass das Pferd auf der Seite der Rolle mehr mit dem Hinterbein untertreten muss. Diese Erkenntnis lässt sich zur Gymnastizierung ausnutzen.

Wichtig zu wissen ist auch: Eine Galopprolle geht immer durch den ganzen Körper des Pferdes, auch wenn es auf den ersten Blick so aussehen mag, als greife das Pferd nur mit einem Vorderbein zu weit aus. Je nach Typ des Pferdes wirkt die Galopprolle unterschiedlich:

▶ Der Naturtölter hat bei der Galopprolle immer eine Aufwärtstendenz, weil er in der Hinterhand stark läuft. Für den Reiter fühlt sich dieser »Schaukelgalopp« angenehm an, vermittelt aber den Eindruck, das Pferd galoppiere nur mit der Vorhand.

▶ Der steife Viergänger hat eine hohe Hinterhand. Hier ist das Rollen optisch eher ein ungleiches Zutreten der Hinterbeine. Der Reiter spürt keine Aufwärtstendenz. Das Pferd geht im Körper bergab – auch wenn ihm eine falsche Aufrichtung aufgezwungen wird. Und dies ist auch der Grund, warum der Galoppsprung sozusagen im Rücken stecken bleibt und sich nicht bis nach vorne durchsetzen kann.

▶ Der steife Passer kombiniert beim Galopp die laufende Hinterhand mit einer sich wenig erhebenden Vorhand. Er geht Passgalopp auf der Vorhand, gibt dem Reiter kaum eine Chance zu sitzen. Diese Pferde gehen selten von selbst mit Galopprolle.

Mit der Galopprolle kann der Reiter die Form oder den Takt des Pferdes verändern. So liegt die Galopprolle beim Naturtölter zum Beispiel zwischen Galopp und Tölt. Der Reiter kann das Pferd mit ihrer Hilfe zum positiven Bewegungsablauf hin »öffnen« und zugleich das »faule« Hinterbeim zur Mitarbeit anregen. Dazu versucht er, das Pferd immer auf der Seite rollen zu lassen, auf der es den Galopp nicht anbietet.

Ein weiteres Beispiel: Wenn ein Rennpasser zu viel zum Zweitakt neigt und die Gefahr besteht, dass der Rücken nach oben kommt und das Pferd tribuliert (siehe Seite 86), kann der Reiter über eine Galopprolle zum positiven Bewegungsablauf zurückfinden und so im Rennpass weiterlaufen. Allerdings muss das Pferd dafür die Galopphilfen kennen und gut auf sie reagieren – auch in Extremsituationen.

Fünfgänger im gelaufe-
nen Galopp mit guter
Aufwärtstendenz.

▶ 3. Stufe – Dehnungshaltung

In der Dehnungshaltung erhalten Schritt, Trab und Tölt einen immer besseren Takt. Zudem wird die bislang genutzte Gangpalette
um den Galopp erweitert.

Beim lockeren Typ, der mit zunehmendem Tempo ohnehin
gerne eine Galopptendenz (Rolle) anbietet, kann man diese in der
Dehnung ausbauen zum Galopp. Dabei ist wichtig, dass Links-
und Rechtsgalopp gleichmäßig gearbeitet werden. Ein Laufen der
Hinterhand ist von Vorteil.

Viergänger –
Galopp gesprungen,
kraftvoll und bergauf.

Selbst im schnellen
Tempo kann der steife
Viergänger die hohe
Hinterhand nicht
»verstecken«.

Im Gelände bereitet diese Anforderung kein Problem: Bergauf oder in Wendungen galoppieren diese Pferde ohnehin am liebsten.

In der Bahn bietet zunächst das Wenden gegen die Bande die beste Chance, im Galopp wieder zum Reiten (sprich Treiben und Sitzen) zu kommen. Erst wenn das Pferd dies auf der ganzen Bahn zulässt, sollte der Reiter auf große Linien (Zirkel) abwenden und hier den Galopp weiter ausbilden. Hier zeigt sich dann, wer im Schritt, Trab oder Tölt eine saubere Stellung erarbeitet hat. Dabei fördert das häufige Angaloppieren (und wieder zurücknehmen) das Pferd oft mehr in der Gymnastizierung als ein Galoppieren Runde um Runde. Allerdings ist das häufige Angaloppieren vergleichbar mit einem Intervalltraining – was extrem viel Kraft braucht.

Zum Trab steife Pferde haben die Tendenz, im Galopp in der Kruppe nach oben – und in der Folge mit der Vorhand stark bergab zu springen. Sie müssen, auch für einen besseren Tölt, im Grunde in der Hinterhand mehr laufen lernen, müssen die Hinterbeine auseinander bringen, anstatt mit beiden Beinen nah

beieinander abzufußen. Dies würde ihnen übrigens auch im Tölt sehr helfen. Erreicht wird das Laufen in der Hinterhand durch häufige Wechsel Trab-Galopp-Trab oder Tölt-Galopp-Tölt, wobei man ein sehr ruhiges Galopptempo wählt. Wenn im Galopp die Dehnungshaltung erreicht wird, ist das Problem »gegessen«. Denn der Grund für die Schwierigkeiten war eine zu tiefe Schulter und ein zu hoch getragener Hals. Weiterer Grund ist oft, dass die Pferde hastig in den Galopp getrieben und steif werden.

Wenn man steife Fünfgänger einfach nur schnell galoppiert, springen diese oft um in den Kreuzgalopp.

Zum Pass steife Pferde haben Mühe mit dem Angaloppieren und brauchen oft ein relativ hohes Tempo, um galoppieren zu können. Sie rennen im Prinzip im Galopp immer ihrem Gleichgewicht hinterher. Deshalb ist es besser, diese Pferde erst bergauf zu galoppieren, und wenn man anfängt Wendungen zu reiten, diese sehr groß anzulegen und zunächst einen tieferen Boden zu nehmen. Es ist nicht sinnvoll, diese Pferde zu langsam zu galoppieren, auch wenn sie zunächst ein ruhiges Angaloppieren anbieten, weil sie das ruhige Tempo nicht halten können und dann in den Pass fallen. Je richtiger die Grundausbildung in Schritt, Trab und Tölt ist, desto mehr »fliegt« einem der Galopp zu.

Viel Viertakt im Pass ist immer ein Zeichen dafür, dass das Pferd den Schwung aus der Hinterhand in eine Bergauf-Bewegung umsetzen kann.

▶ 6. Stufe – Schwung

Zu den Gangarten Schritt, Tölt, Trab und Galopp, in denen in den vorangegangenen Stufen die Anlehnung und die Losgelassenheit erarbeitet wurde, kommt in dieser Stufe nun der Rennpass hinzu.

Zwar gibt es durchaus auch Islandpferde, denen das Rennpassgehen so leicht fällt, dass sie diesen Gang schon früher anbieten. Diese Pferde haben so viel natürliches Gleichgewicht, dass sie sich genügend strecken und bei zunehmendem Tempo immer mehr in den positiven Bewegungsablauf aufmachen, ohne den Viertakt so zu übertreiben, dass sie Renntölt gehen oder rausgaloppieren. Solche Pferde machen sich nie so eng, dass sie zu viel Zweitakt haben.

Andere hingegen haben zwar auch ein erkennbares Talent zum Rennpass, werden aber niemals schnell, sicher und zuverlässig Rennpass gehen, wenn der Reiter sie vorher nicht weit genug auf der Erfolgstreppe gearbeitet hat. Solche Pferde, die am Ende oft sogar die schnelleren Rennpasser sind, müssen lernen, das Gleichgewicht zwischen Zweitakt und Viertakt so zu finden und zu halten, dass sie sich mit zunehmendem Tempo immer im positiven Bewegungsablauf befinden.

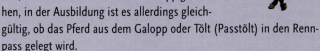

Das Legen in den Pass

Vom »Legen« spricht man, wenn der Reiter sein Pferd in den Rennpass umstellt. Später, im Rennen, sollte das immer aus dem Galopp geschehen, in der Ausbildung ist es allerdings gleichgültig, ob das Pferd aus dem Galopp oder Tölt (Passtölt) in den Rennpass gelegt wird.

Viele Reiter haben die Angst, das Pferd könne nicht mehr unterscheiden, ob es nun Tölt oder Rennpass gehen soll. Diese Angst ist unbegründet, ebenso wie andere Befürchtungen aus den Anfangsjahren der Islandpferde-Reiterei. Damals ließ man Tölter aus Furcht vor einer Galopprolle nicht galoppieren, weil man meinte, sie könnten diese Gangarten verwechseln. Umgekehrt wird ein Schuh daraus: Geschmeidigkeit und Tempovarianz im Tölt helfen in der Ausbildung von Rennpassern ebenso wie die Galopprolle. Ihrer kann sich der Reiter bedienen, um das Pferd wieder in die Streckung zu bringen (siehe S. 122).

Aus dem Galopp in den Rennpass legen kann der Reiter sein Pferd auf zwei verschiedene Arten:

▶ Wenn er spürt, welche Schulter das Pferd mehr belastet (das kann die Schulter auf der Seite des Galoppsprunges sein, muss aber nicht), setzt er beim Legen auf dieser Seite eine Parade und treibt gleichzeitig mit dem diagonalen Schenkel. (Parade links, treiben rechts und umgekehrt). Dies Hilfe führt unmittelbar dazu, dass das Pferd die Hinterbeine gleichmäßig setzt, deshalb nicht mehr galoppieren kann und Rennpass geht. Es gibt allerdings auch den Sonderfall (sonst wäre Rennpass reiten ja auch zu einfach): Der steife Pferdetyp verträgt die Parade auf der belasteten Schulter nicht. Diese Pferde wechseln auf diese Hilfe zu prompt in den Pass und tribulieren. Hier muss der Reiter die Seite der nicht belasteten Schulter zum Parieren wählen.

▶ Wenn das Pferd bereits sehr gut ausgebildet ist, kann es beim Legen aus dem Galopp in den Rennpass auch durch eine anschlagende Zügelhilfe in die Streckung gebracht werden. Das Pferd wird dabei kräftig nach vorne getrieben, bis es in voller Streckung im Rennpass wieder die leichte Anlehnung an die Hand findet.

Manche Pferde tun
sich leicht, den für
den Rennpass not-
wendigen Schwung
zu entwickeln, weil
sie ein gutes Gleich-
gewicht haben.

Pferde, die eher zum Viertakt neigen, reitet man mehr den Berg hinunter und auf eher längeren Strecken Rennpass, um ihnen ein Dehnen in Richtung vorwärts-abwärts schmackhaft zu machen. Dabei wird das Tempo nach und nach gesteigert, nicht plötzlich.

Pferde, die eher zum Zweitakt neigen, reitet man im Rennpass zunächst bergauf und auf eher kurzen Strecken. Dabei sollte der Reiter anfangs versuchen, sie nach dem oft verblüffend einfachen Legen in den Pass immer wieder in den Galopp zu treiben, um dann das ganze Spiel von neuem zu beginnen. Immer wieder muss der Reiter sein Pferd im Pass aufnehmen, bevor es zu zweitaktig geht oder es mit dem Treiben noch rechtzeitig erwischen, ehe es im negativen Bewegungsablauf ist. Später verlängert der Reiter die Strecke und kontrolliert damit, dass er sein Pferd immer wieder in den Galopp treiben könnte, ob es sich noch im positiven Bewegungsablauf befindet. Ziel beim Rennpassreiten ist die vollkommene Streckung und das absolute Tempo.

In allen anderen Gängen können ab dieser Stufe die Tempounterschiede genau herausgearbeitet werden. Das Pferd lernt in derStufe der Schwungentfaltung, seinen Rahmen bis ins Extremste zu erweitern und wieder zu verkürzen. Damit ist es in der Lage, die Anforderung der schweren Töltprüfung zu erfüllen.

▶ Islandpferde-Sport im Spiegel der Erfolgstreppe

Die Ziele der Sportreiterei mit Islandpferden sind in der IPO, der Islandpferdeprüfungsordnung, klar formuliert:

Sehr gute Noten (zwischen 8 und 10) gibt es

▶ Im Arbeitstempo Tölt für: »absolut guter Takt; keinerlei Haltungs- und Anlehnungsfehler mehr möglich; muss gut getreten und gesetzt sein; Übergänge Tölt zu Schritt müssen korrekt sein; Bewegung fließend, hoch und weit mit sehr stolzem Ausdruck; Haltung gelöst und erhaben«.

▶ Im Tempoverstärken im Tölt für die oben beschriebenen Punkte im Arbeitstempo sowie für: »gutes Tempo verstärken bei sehr harmonischen Übergängen; Verstärken und Zurücknehmen mühelos und direkt; ausdrucksvolle Haltung; sehr harmonisch«.

▶ Im starken Tempo Tölt für »absolut guter Takt und gute Bewegung; Tempo über die ganze Runde; keinerlei Haltungs- und Anlehnungsfehler mehr möglich; hohe, weite Bewegung; ausdrucksvolle Haltung; harmonisch, leichtfüßig, mühelos«.

Solche Prüfungsanforderungen deuten darauf hin, dass ein Pferd/Reiter-Paar dann den Gipfel erreicht hat, wenn das Pferd nach den Grundsätzen der klassischen Reiterei korrekt ausgebildet ist. Denn die schwere Töltprüfung kann ohne eine saubere Losgelassenheit (aus der die Anlehnung resultiert) eigentlich gar nicht geritten werden.

Trotzdem wird das im Islandpferde-Sport bislang aus der Tradition heraus vernachlässigt. Im Zentrum jeglichen Interesses steht der Takt. In allen drei Tempi der Töltprüfung ist er das Maß aller Dinge, die Bewertung ganz auf den Takt ausgerichtet. An zweiter Stelle wird die Höhe und Weite der Bewegung beurteilt.

Die Haltung des Pferdes spielt höchstens im Vergleich eine Rolle – wenn zwei Pferde in Takt und Bewegungshöhe gleich sind. Man hat sich optisch daran gewöhnt, dass Pferde mit Unterhals gehen, nimmt das in Kauf – auch weil man nicht weiß oder lange Zeit nicht wusste, welche gesundheitlichen Schäden ein Pferd auf Dauer nehmen kann, wenn es immer mit hochgezogenem Hals und weggedrücktem Rücken gehen muss.

Weil dies aber bislang verkannt wird, und weil bislang nur wenige Pferde in Dehnungshaltung tölten können (was zwingend notwendig wäre, um das Ziel zu erreichen), sieht man in der Regel zwei unterschiedliche Negativbeispiele auf Turnieren:

▶ Pferde, die mit extremem Vorwärtswillen außergewöhnliche Leistungen im starken Tempo bieten. Diese Pferde können streng genommen nicht tölten, sprich: sie würden in Dehnungshaltung immer traben. Sie lassen sich aber im Arbeitstempo über extremen Druck in den Tölt verspannen, haben dabei eine falsche Aufrichtung (Unterhals) und gehen voll gegen die Hand. Im starken Tempo werden diese Pferde sozusagen vor dem Trab weggetrieben – immer ein bisschen schneller als sie traben könnten, so dass extremes Tempo im Viertakt möglich ist.

▶ Auf der anderen Seite gibt es Pferde, die viel Töltveranlagung haben oder sogar fünfgängig sind. Sie werden zwar oft im Arbeitstempo harmonisch und schön vorgestellt, weil jeder extreme Druck Pass-Spannung bringen würde. Sobald diese Pferde aber schneller tölten sollen, kommt der Rücken nach oben, weil ihre Form nicht stimmt. Aus der zwar im Vergleich zum trabigen Viergänger geringeren, aber immer noch zu hohen Spannung im Arbeitstempo können sie sich im schnelleren Tempo nicht lösen, weil sie nicht gelernt haben, sich zu strecken und die Bewegung in Richtung Trab zu öffnen.

Viele wissen nicht, dass Pferde, die mit Unterhals gehen, auf Dauer Schaden an ihrer Gesundheit nehmen. Oft wird der Unterhals sogar noch erzwungen, um damit eine höhere Vorhandbewegung zu erreichen.

In beiden Fällen stimmt die Losgelassenheit nicht. Eine antrainierte, erzwungene Haltung – absolut aufgerichtet, mit nicht tragender, manchmal sogar geradezu hilflos springender Hinterhand – wird als »gesetzt und ausdrucksvoll« interpretiert, weil Verspannungen im Körper (Unterhals, feste Lende, tiefe Schulter, zu hohe Kruppe) ignoriert werden. Das Pferd hat gar keine Möglichkeit, sich aus dieser Verkrampfung harmonisch ins Tempo zu strecken und sich aus diesem Tempo wieder ins Arbeitstempo parieren zu lassen.

Klar zeigen diese Überlegungen: Über das Ziel herrscht Einigkeit – sonst wären die Formulierungen im Leitgedanken der Islandpferde-Prüfungsordnung andere. Über den Weg zu diesem Ziel haben sich viele aber noch nicht genügend Gedanken gemacht. Von einer Diskussion darüber oder gar einer systematischen Ausbildung dorthin ist man noch weit entfernt.

Die Erfahrung hat uns gelehrt: Es funktioniert nur über die in diesem Buch beschriebene Erfolgstreppe, die angelehnt an die alte, sehr erprobte Skala der Ausbildung einen Weg für die Arbeit in den Spezialgangarten aufzeigt. Vielleicht wird man auch in Zu-

Beim Rennen werden die Karten neu gemischt: Damit das Pferd später in dieser Situation Vertrauen zu seinem Reiter hat, sollte man anfangs nicht zu viel riskieren.

kunft noch weitere Feinheiten erarbeiten, wie sich die einzelnen Stufen besser, leichter und womöglich schneller erreichen lassen. Soll das Pferd aber schonend und seinen Fähigkeiten entsprechend ausgebildet werden, führt an den Stufen kein Weg vorbei.

Das Umdenken muss kommen, denn immer häufiger lauten die Kommentare nach großen Veranstaltungen inzwischen: »Tolle Pferde, schrecklich geritten«.

Deshalb wird, wenn sich der Islandpferde-Sport nicht selbst ins Abseits stellen will, langfristig auch über den Weg zum Ziel diskutiert werden müssen:

▶ Darüber zum Beispiel, ob man tatsächlich schon von jungen Pferden in der Materialbeurteilung die Körperhaltung eines sehr gut ausgebildeten Sportpferdes verlangen kann. Durch den enormen Druck, dem sie heute für diese Zuchtprüfungen ausgesetzt werden, sind viele talentierte Jungpferde später als Reitpferde nicht mehr zu gebrauchen.

▶ Oder darüber zum Beispiel, dass derzeit von der Freizeitklasse bis zur WM anforderungsmäßig alles in einen Topf geworfen wird. Das ist ebenso, als wenn in einer A-Dressur die gleichen Anforderungen an den Arbeitstrab gestellt würden wie in einer S-Dressur. Sollen in der Töltprüfung der Freizeitklasse Richter und Reiter tatsächlich den perfekt ausgebildeten Tölter vor Augen haben oder wäre es nicht besser, eine Dehnungs- und Gebrauchspferdehaltung zu verlangen, weil dies sowohl dem Reiter wie auch dem Pferd etwas bringt?

Erst wenn eine korrekte Anlehnung erreicht ist, kann der Reiter das Pferd harmonisch aufnehmen und die Hinterhand unter den Schwerpunkt treiben.

▶ Und warum nicht darüber nachdenken, ob in den Töltprüfungen der Sportklasse C auf der letzten langen Seite vor der Parade ein Zügel-aus-der-Hand-kauen-lassen im Tölt nicht die sinnvollere Alternative wäre zur jetzigen Version, die im Grunde alle Reiter in einen Topf wirft? Dem Reiter, der seinen Tölter pferdegerecht in Richtung der schweren Töltprüfung ausbildet, käme das mit Sicher-

Mein bester Freund

heit entgegen. Dem Islandpferde-Sport insgesamt wäre gedient, wenn es einen für alle durchschaubaren Aufbau gäbe, nach dem ein Reiter sein (junges) Pferd den Anforderungen entsprechend zum hohen Ziel entwickeln kann.

▶ Die gleiche Frage stellt sich bei den Zuchtprüfungen. Wäre es nicht viel besser, die Manier der Gänge zu bewerten – im Tölt zum Beispiel ein rhythmisches Gehen im Gleichgewicht anstelle des starken Tempos, im Pass nicht das extreme Rennen, sondern das Locker- und Gleichmäßigbleiben im Gang? Starkes Tempo oder extremer Rennpass sind bei so veranlagten Pferden nur eine Ausbildungsfrage – und wer würde ein begabtes Springpferd schon als Dreijährigen über zwei Meter hetzen, wenn man doch an der Sprungmanier bereits das Talent erkennt?

Serviceteil

NÜTZLICHE ADRESSEN

Islandpferde-Reiter- und Züchter-Verband
(IPZV e.V.)
Bundesgeschäftsstelle
Thomas Schiller
Justus-von-Liebig-Str. 5
31162 Bad Salzdetfurth
Tel. 0 50 63-27 15 66
Fax 0 50 63-27 15 67
www.ipzv.de

Kontaktadresse ÖIV in Österreich
Ing. Peter Paleczek
Taborstraße 39
A – 1020 Wien
Tel. 01-2164004 oder 0699-12611512
Fax 02266/66053
www.oeiv-islandpferde.at

Kontaktadresse IPV CH in der Schweiz
IPV CH Geschäftsstelle
Doris Ho-Nietlispach
Krähenbühl 6
CH – 5642 Mühlau
Tel. 056 670 25 17
Fax 056 670 25 16
www.ipvch.ch

ZUM WEITERLESEN

ADALSTEINSSON, REYNIR / HAMPEL, GABRIELE: Reynirs Islandpferde-Reitschule, Stuttgart 1998

BENDER, INGOLF: Praxishandbuch Pferdehaltung, Stuttgart 1998

BENDER, INGOLF: Praxishandbuch Pferdefütterung, Stuttgart 2000

LANGE, ROLAND: Ein Islandpferd kommt selten allein, Stuttgart 2003

RAKOW, MICHAEL: Die homöopathische Stallapotheke, Stuttgart 2002

SCHÄFER, MICHAEL: Handbuch Pferdebeurteilung, Stuttgart 2000

VIDEOS

ADALSTEINSSON, REYNIR / HAMPEL, GABRIELE: Reynirs Islandpferde-Reitschule, Stuttgart 1998

SCHICKLER, FELIX: Islandpferde in Sport und Freizeit, Stuttgart 1999

BILDNACHWEIS

Mit 126 Farbfotos von: Eiríkur Jónsson, Kópavogur / Island
(S. 2/3, 7, 9, 14/15, 15, 18, 20/21, 45, 94/95, 95, 116/117, 117,
128, 130), André Welle, Buchholz (S. 5 rechts). Alle anderen
von Anke Schwörer-Haag, Abtsgmünd.

Alle Zeichnungen von Amelie Butze, Stuttgart,
mit Ausnahme von S. 46 (Cornelia Koller, Schierhorn).

> Wir danken allen Freunden, Wegbegleitern und unserer
> Familie, besonders Julia Grosse, Anke Strothman-Lüerssen
> und Uwe Brenner.

IMPRESSUM

Umschlag von eStudio Calamar unter Verwendung von
einem Farbfoto aus dem Archiv Schwörer-Haag; die Fotos auf
der Umschlagrückseite stammen von Anke Schwörer-Haag,
Abtsgmünd.

Mit 126 Farbfotos und 20 Zeichnungen.

Bibliografische Information der Deutschen Bibliothek
Die Deutsche Bibliothek verzeichnet diese Publikation in
der Deutschen Nationalbibliografie;
detaillierte bibliografische Daten sind im Internet über
http://dnb.ddb.de abrufbar.

Gedruckt auf chlorfrei gebleichtem Papier

ISBN 3-440-09130-9
Redaktion: Katja Metzler
Gestaltungskonzept: eStudio Calamar
Gestaltung & Satz: Atelier Krohmer, Dettingen/Erms
Produktion: Kirsten Raue / Claudia Kupferer
Reproduktion: Repro Schmidt, Dornbirn
Printed in Germany / Imprimé en Allemagne
Printed in Czech Republic / Imprimé en République tchèque-
Druck und Bindung: Těšínská Tiskárna, Český Těšín

Informationen senden wir Ihnen gerne zu

Bücher · Kalender · Spiele
Experimentierkästen · CDs · Videos

Natur · Garten & Zimmerpflanzen ·
Heimtiere · Pferde & Reiten ·
Astronomie · Angeln & Jagd ·
Eisenbahn & Nutzfahrzeuge ·
Kinder & Jugend

KOSMOS

Postfach 10 60 11
D-70049 Stuttgart
TELEFON +49 (0)711-2191-0
FAX +49 (0)711-2191-422
WEB www.kosmos.de
E-MAIL info@kosmos.de

Alle Angaben in diesem Buch
erfolgen nach bestem Wissen
und Gewissen. Sorgfalt bei
der Umsetzung ist indes den-
noch geboten.
Der Verlag, die Autorin und
die Herausgeber überneh-
men keinerlei Haftung für
Personen-, Sach- oder Vermö-
gensschäden, die aus der
Anwendung der vorgestellten
Materialien und Methoden
entstehen.

Kosmos Verlag
Mitglied in der

Deutsche Vereinigung zum
Schutz des Pferdes e.V.
Wienkamp 11 rechts
46354 Südlohn

Erlebnis Pferde

Spaß an Tölt und Pass

Islandpferde – das bedeutet Temperament und Harmonie, Kraft und Ausdauer zugleich, gepaart mit Sanftmut und Charakterstärke. Anke Schwörer-Haag hat alle wichtigen Informationen zu Geschichte, Reiteigenschaften, Zucht, Haltung und Besonderheiten der „fünfgängigen" Islandpferde beschrieben, kommentiert und mit stimmungsvollen Fotos ergänzt.

Anke Schwörer-Haag
Das Islandpferd

111 Seiten
139 Abbildungen
gebunden

ISBN 3-440-07561-3

Islandpferde begeistern durch ihre besonderen Gangarten Tölt und Pass. Sie zu reiten ist ein ganz besonderes Vergnügen – aber es erfordert auch besondere Reitkenntnisse. Schritt-für-Schritt-Fotosequenzen von Profi-Reitern helfen beim eigenen Training.

Schwörer-Haag/Haag
Reiten auf Islandpferden

128 Seiten
166 Abbildungen
Klappenbroschur

ISBN 3-440-07632-6

Anke Schwörer-Haag
Thomas Haag

Islandpferde
besser reiten